青トレ
AO TORE

青学駅伝チームの
ピーキング＆ランニングケア

THE TRAINING METHOD OF AOGAKU EKIDEN TEAM

原晋 著／中野ジェームズ修一 著

徳間書店

青トレ

青学駅伝チームのピーキング&ランニングケア

CONTENTS

青トレとは？／本書の特徴と活用方法 …… 006

CHAPTER 1
ピーキング …… 007
ピーキングが勝負を分ける
ピーキングのベースとなる期分け
すべてはプロセスにあり
青トレ オリジナル期分けシート

CHAPTER 2
膝のケア …… 015
入念かつ正確なランニングケアで
ランナーに多い障害を予防 …… 016
膝の外側の痛み …… 018
膝の外側の痛み予防❶ 「大臀筋のストレッチ」 …… 020
膝の外側の痛み予防❷ 「大腿筋膜張筋のストレッチ」 …… 024
膝の外側の痛み予防❸ 「内転筋群のトレーニング」 …… 026
膝の外側の痛み予防❹ 「腸脛靭帯炎」 …… 028
膝の皿の上の痛み …… 030
膝の皿の上の痛み予防❶ 「大腿四頭筋のストレッチ」 …… 032
膝の皿の上の痛み予防❷ 「膝蓋靭帯炎のアイシング」 …… 036
膝の内側の痛み …… 038
膝の内側の痛み予防❶ 「半腱様筋・薄筋・縫工筋のストレッチ」 …… 040
膝の内側の痛み予防❷ 「鵞足炎のアイシング」 …… 044

膝の曲げ伸ばしによる痛み …… 046
膝の曲げ伸ばしによる痛み予防❶「大腿四頭筋のトレーニング」 …… 048
膝の曲げ伸ばしによる痛み予防❷「中臀筋のトレーニング」 …… 050
膝の曲げ伸ばしによる痛み予防❸「大腿四頭筋のトレーニングと膝裏のストレッチ」 …… 052
膝の曲げ伸ばしによる痛み予防❹「膝の曲げ伸ばしが痛い場合のアイシング」 …… 054
下田裕太選手　プロフィール・Q&A …… 056

CHAPTER 3
腰背部のケア …… 057
腰や背中の張り …… 058
腰や背中の張り予防❶「大臀筋のストレッチ」 …… 060
腰や背中の張り予防❷「ハムストリングスのストレッチ」 …… 062
腰や背中の張り予防❸「腸腰筋のストレッチ」 …… 064
腰や背中の張り予防❹「腰背部の動的ストレッチ」❶「腰背部の動的ストレッチ」❷ …… 068
腰や背中の張り予防❺「インナーユニットのトレーニング」 …… 072
脚の付け根の痛み …… 074
脚の付け根の痛み予防❶「腸腰筋の動的ストレッチ」 …… 076
脚の付け根の痛み予防❷「大腿四頭筋のトレーニング」 …… 082
田村和希選手　プロフィール・Q&A …… 084

CHAPTER 4

下肢のケア

下肢のケア …… 085

お尻から太ももの裏にかけての痛み …… 086

お尻から太ももの裏にかけての痛み予防 …… 088
「梨状筋・大臀筋のストレッチ」

太もも裏の痛み …… 092

太もも裏の痛み予防❶ …… 094
「ハムストリングスのストレッチ」

太もも裏の痛み予防❷ …… 096
「ハムストリングスの肉離れを起こしたときのアイシング」

起床時の足裏の痛み …… 098

起床時の足裏の痛み予防❶ …… 100
「足底のストレッチ」

起床時の足裏の痛み予防❷ …… 102
「足底筋膜炎のアイシング」

かかとの痛み …… 104

かかとの痛み予防❶ …… 106
「下腿三頭筋のストレッチ」

かかとの痛み予防❷ …… 108
「かかとに痛みがあるときのアイシング」

足裏のしびれ …… 110

足裏のしびれ予防❶ …… 112
「後脛骨筋のストレッチ」

足裏のしびれ予防❷ …… 114
「後脛骨筋のトレーニング」

脛の痛み …… 116

脛の痛み予防❶ …… 118
「前脛骨筋のストレッチ」

脛の痛み予防❷ …… 120
「シンスプリントのアイシング」

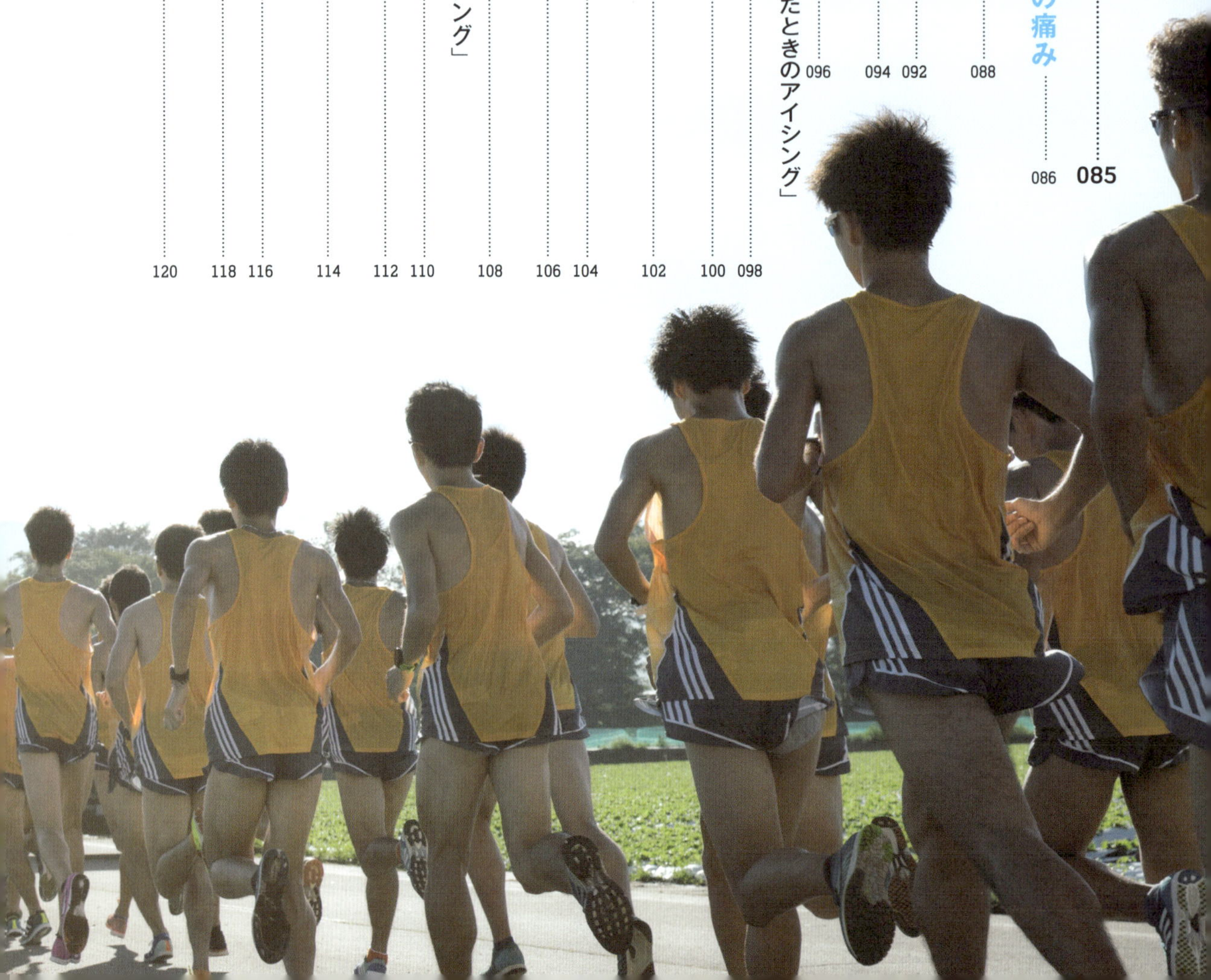

吉永竜聖選手　プロフィール・Q&A …… 122

CHAPTER 5
栄養と睡眠 …… 123
高強度の練習、レースの後は素早く糖質を補給する
ランナーにもっとも重要なケアは規則正しく質の高い睡眠

5人の未来のエース候補 …… 130

OBインタビュー❶
小椋裕介選手 …… 132

OBインタビュー❷
一色恭志選手 …… 136

原　晋／中野ジェームズ修一　プロフィール …… 140

チームメンバー …… 142

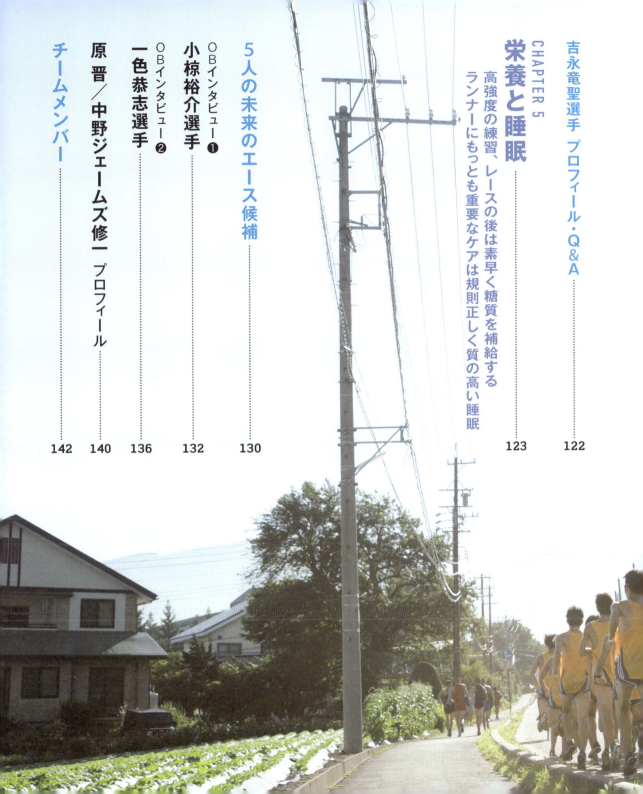

青トレとは？

青トレとは、青山学院大学体育会陸上競技部（長距離ブロック）を指揮する原晋監督の育成メソッドと、フィジカルトレーナーの中野ジェームズ修一氏が指導しているフィジカルトレーニングとが融合して生まれた、ランナーのためのオリジナルメソッドの総称です。シリーズ第３弾となる本書のメインコンテンツは以下のとおりです。

1. メインテーマはレースに向けた調整方法です。ねらった試合に向けてコンディションを上げていき、試合に調子のピークを合わせるピーキングの考え方と実践方法を、そのベースとなる期分けで説明しながら、実際に青学駅伝チームが行っている具体例を示しつつ、原晋監督が解説しています。青トレ オリジナル期分けシートもついているので、活用してみてください。

2. ランナーに多い障害を予防するため、中野氏が正しく効果的なランニングケアを、膝、腰背部、下肢を中心に、細かく症状別に分けて説明しています。また、メカニズムを解説したうえで、最適なストレッチと筋肉トレーニングおよびアイシングを紹介していますので、逆引きして症状に合わせて取り組んでみてください。

3. ランナー、ジョガーに必要な栄養と睡眠について中野氏が解説しています。基本的な考え方や、青学駅伝チームが取り入れている具体的な方法やツールまで紹介していますので、参考にしてみてください。

本書の特徴と活用方法

第１弾、第２弾との連動

本書は、単体の読み物として、レースに向けた調整方法をテーマにしていますが、体づくりをテーマにした第１弾の『青トレ 青学駅伝チームのコアトレーニング＆ストレッチ』、リカバリーをテーマにした第２弾の『青トレ 青学駅伝チームのスーパーストレッチ＆バランスボールトレーニング』と合わせて３部作となっています。それぞれが独立しつつも、それぞれを補完し、連動していますので、未読の方は、是非、お読みになってみてください。

本が開きやすい

本書は、読者のみなさんがページを開いたままトレーニングができるように、開いた状態を保つため、背表紙に強化ノリ（PUR）を採用し、判型も幅広にしています。

情報発信

本書のイベント情報や、青学駅伝チームの結果などをTwitterの「青トレ 公式」アカウントにて、随時更新しています。帯についている応募券を使ったプレゼント企画も予定していますので、是非、「青トレ 公式」アカウント（https://twitter.com/aotore_tokuma）を検索してみてください。

青トレ AO TORE

CHAPTER 1

PEAKING

ピーキング

ピーキングが勝負を分ける

ピーキングとは、ねらった試合に向けてコンディションを上げていき、試合に調子のピークを合わせることです。ですが、調子のピークが試合当日の1日だけにぴたりと合うということは、はたしてあるのでしょうか。

1日ズレた程度で結果がまったく変わることなんてない、と私は考えています。「ピークが1日ズレた」とか、「1週間ズレた」といった敗戦理由を聞くことがありますが、それは単に言い訳にすぎないのではないでしょうか。

私の発想は、本番の10日前に試合が行われるイメージで仕上げていくというものです。肉を寝かせるとおいしくなるように、その10日間で、選手のなかの（読者のみなさんの）「レースを走らなくては」から「レースを走りたい！」という気持ちを起こさせていくのです。

単に練習スケジュールを前倒しするという意味ではありません。もっと大きな枠組みで、練習計画を立てるときに、そういった発想や視点をもって組み立てることが必要だということです。

青山学院大学の年間スケジュール

トラックレース期 5000mの記録向上	鍛練期Ⅰ 走り込みによる脚づくり
4月／5月／6月／7月中旬	7月下旬／8月／9月
〈主な試合〉 兵庫リレーカーニバル 織田記念陸上 関東インカレ 学生個人選手権 ホクレンディスタンスチャレンジ 記録会（世田谷、日体大など） など 〈主な練習メニュー〉 21km走+200m×3本 400m×12本 1万2000m+200m×5本 1000mインターバル×5~7本 1500mTT+400mリレー×2本 など	〈主な試合〉 特になし 〈夏合宿〉 1次合宿（菅平高原・長野） 1・5次合宿（妙高高原・新潟） 2次合宿（御嶽・岐阜） 3次合宿（妙高高原） 〈主な練習メニュー〉 30km走 42・195km距離走 16~24kmクロスカントリー走 5000m×2本 1000m×10本 など

日々の小さな積み重ねで目標と結果の誤差を縮める

講演会などでは、試合直前の調整方法について質問をされることが非常に多いのですが、実をいうと、これといった正解がないのが直前の調整方法です。こればかりは、私にとっても今後も突きつめていくべき課題です。

実際には、レース10日前に最後のポイント練習（負荷の大きい大事な練習）を行い、レースまでの10日間は徐々に練習の質と量を落とすようにしています。レース前日、もしくは2日前に刺激走を1000m1本などといった慣習的な練習をしていますが、これはおまじないのようなもの。

レースペースの確認程度に、もしくは、それより遅くてもいいと考えています。極端な話、気が乗らない場合はやらなくてもいいと思っています。

また、生活面も特別なことはせず、普段どおりを心がけるようにしています。しいて挙げれば、食中毒にならないように、ナマモノを避けることくらいでしょうか。

レース直前の食事を炭水化物多めにするカーボローディングという手法も知られていますが、青山学院大学では、日頃の練習の中で、ポイント練習の直後に、株式会社ブルボンさんと共同開発をした「ハイカーボ300」というゼリー飲料を必ず摂取しています。

駅伝期

段階的に移行　ハーフ ←― マイル（16km） ←― 10km

1月	12月	11月	11月上旬	10月
箱根駅伝 1月2日、3日	※箱根駅伝選抜強化合宿がある	〈主な練習メニュー〉 21km走＋400m×5本 400mインターバル×12本 1000mインターバル×10本 30km走 5kmレペティション×2本 1000m×10本 5kmレペティション×2本 1万6000mビルドアップ など	〈主な試合〉 出雲駅伝 全日本大学駅伝 記録会（日体大、出雲市など）※主に駅伝に出場しない選手 世田谷246ハーフマラソン 学連記録挑戦会1万m 記録会（日体大など） など	

体内の燃料タンクを大きくする作業を、普段から時間をかけて行っています。なので、逆に言うと、直前のカーボローディングは必要ないという考えです。

ピーキングという概念は、故障させないことと継続性が重要です。青学では、毎試合の目標を設定して練習に臨んでいます。それが1年間で何十試合にもなるのですから、目標と結果との誤差が小さくなるように積み重ねていけば、箱根駅伝などの大きな試合でも結果を残せるようになります。ピーキングとは、小さな積み重ねなのです。

そこで大事なのが「期分け」という考え方です。

強くなるためには「期分け」をして、それぞれの期の目的に応じて、継続的にトレーニングを続けることが大切です。

そして、その前提としてとても重要になるのは、指導者の頭の中だけで期分けをするのではなく、チーム全員で共有するということです。チームとしてのコミュニケーション力があり、監督と選手の頭の中が一致していて、初めて期分けが意味をもつのです。

期分けは、いわば、建物の設計図面や自動車を組み立てるための指示書のような〝ものづくりのプログラム〟なのです。

放牧期		鍛錬期Ⅱ		
心と体のリフレッシュ		ハーフ・マラソン強化		トラックへの移行練習
1月	2月上旬	2月中旬	3月上旬	3月中旬
(2月、3月にマラソンに出場する選手はマラソン練習期) 〈主な試合〉 高根沢ハーフマラソン 都道府県男子駅伝 など 〈主な練習メニュー〉 各自ジョグ 32.195㎞走(マラソンに出場する選手) 42.195㎞走(マラソンに出場する選手)		〈主な試合〉 神奈川マラソン 丸亀国際ハーフマラソン 鹿島祐徳ロードレース 東京マラソン 日本学生ハーフマラソン びわ湖毎日マラソン など 〈主な練習メニュー〉 25～30㎞クロスカントリー走 など ※冬季強化合宿を実施		〈主な試合〉 特になし 〈主な練習メニュー〉 1000m×2本+1万2000m走 400mインターバル×12本 1500mタイムトライアル 距離走 など ※春季強化合宿を実施

ピーキングのベースとなる期分け

これまで青山学院大学では〝現状維持では成長はない。新しいものを取り入れていくべきだ〟という発想のもと、「青トレ」を導入するなど陸上界に新しい風を吹かせてきました。

チームが成長するにしたがって、トレーニングの内容や設定タイムなどは変わっていきましたが、期分けに関しては、私が監督に就任した当初から大きくは変わっていません（もちろん、それぞれの期の目標は大きく変わっています）。

1年間のスケジュールは、箱根駅伝など主要大会の開催日は決まっているので、そこから逆算して期分けしていきます（P8〜10の下段）。

たとえば、鍛練期は〝とことん追い込む〟というイメージがあるかもしれませんが、先にも書いたように、故障せずにトレーニングを継続させることに重点を置いています。長距離走においては、AT値（無酸素性作業閾値《いきち》、有酸素運動から無酸素運動に切り替わる境界）を高めること、つまりは、有酸素運動で走り続けるペースを高くすることが強化のポイ

マラソンでメダルをとるための期分け

1期（チャレンジ期）	大学3年から社会人1年目。箱根駅伝の延長線上にマラソンを見据え、マラソンの素地を作り、2時間15分切りを目標に置く。前提条件になるのは、5000m13分台、1万m28分台。
2期（発展期）	社会人2〜4年目（23〜25歳）。新しい環境に慣れ、さらにレベルアップ。前提条件になるのは、5000m13分45秒切り、1万m28分15秒切り、ハーフマラソン62分台。
3期（勝負期）	社会人5〜9年目（26〜30歳）。選手としてもっとも脂が乗る時期。5000m13分30秒切り、1万m27分台、ハーフマラソン61分台。
4期（持続期）	社会人10年目〜（31歳〜）。これまで培ったものを持続させ、ベテラン味を出す。

ントです。したがって、鍛練期（とくに土台を作る時期）に激しいトレーニング（無酸素運動）は不要というのが私の発想で、トレーニングの強度をやたらと上げるのではなく、アップダウンのあるところや、高地、準高地で走りこむことで、距離に対する耐性をつけていきます。

期分けをし、全体の流れを把握することで、それぞれの期の練習の目的を理解して取り組むことができるのです。試合も同様で、その期に応じて目的があり、必ずしも自己記録や勝利が目標とは限りません。

期分けのスパンは、短くも長くもできる

期分けといっても、1年間だけでなく、もっと長いスパンで数年間をいくつかに期分けすることもありますし、夏合宿の時期などはもっと細かく期分けしています。

たとえば、日本マラソン界の復活を目指した期分けを、私は上の表のように考えています。

これはあくまでも指標にすぎず、当然、個々の選手の能力に応じて変えていかなければなりませんが、こうしたガイドラインがあれば、将来への見通しも立てやすいと思います。

P14に「青トレ オリジナル期分けシート」を付けました。みなさんの目標やライフスタイルに応じて、このシートを活用し、期分けをしてトレーニングに取り組んでください。

すべてはプロセスにあり

私は常に新しいことへのチャレンジを掲げていますが、日本陸上界の改革のためと、青山学院大学陸上競技部を一層レベルアップさせるために、２０１７年４月から早稲田大学スポーツ科学学術院に通い、スポーツビジネスの第一人者である平田竹男教授に学んでいます。

平田教授が提唱する「トリプルミッション」という言葉があるのですが、これがまさに、私が青学で取り組んできたことと合致しました。

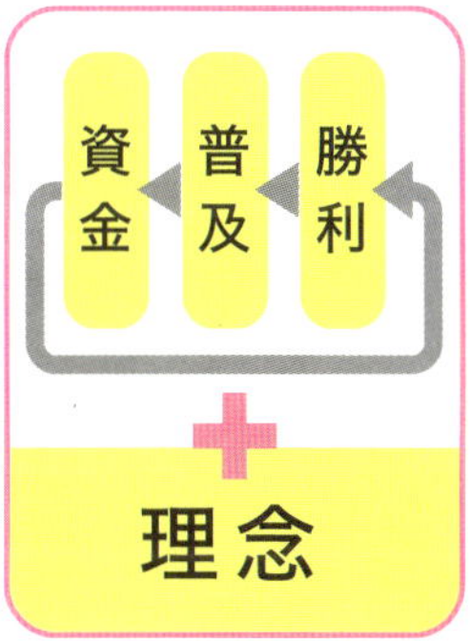

青山学院大学における
トリプルミッション

「トリプルミッション」とは、スポーツが発展するためには「勝利」「普及」「資金」という3つの要素が必要だが、その根底に「理念」があることで、この3つの要素の好循環が生まれるという考え方です。

新鋭チームの場合、資金→勝利→普及→資金……という循環が一般的なのですが、青学の場合は、まず勝利（箱根駅伝のシード権、出雲駅伝優勝、箱根駅伝優勝など）があって、陸上部の認知度も高まり、さらに、大学からグラウンドの整備などバックアップが受けられるようになりました。つまり、先に勝利があり、勝利→普及→資金→勝利……という循環メカニズムが生まれたのです。

その根底には、監督就任時から変わらない3つの行動指針（理念）があります。

「感動を人からもらうのではなく、
感動を与えることのできる人間になろう」
「今日のことは今日やろう。
明日はまた明日やるべきことがある」
「人間の能力に大きな差はない。
あるとすれば、それは熱意の差だ」

勝利至上主義でチームを運営せず、正しい知識で正しく育てようと、理念をベースにプロセスを踏んできたことが、現在のチームを作ったと確信しています。

青トレ オリジナル期分けシート

ステージ	1期	2期	3期	4期
期　　間	～	～	～	～
目　　的				
大会名				
種　　目				
目　　標				
具体的な取り組み				

青トレ AO TORE

CHAPTER 2

CARE OF KNEE

膝のケア

入念かつ正確なランニングケアでランナーに多い障害を予防

ランニングはケアが大切かつ難しい競技の1つです。今まで多くのスポーツをトレーナーとして見てきましたが、長距離走はほかの競技と比較して練習時間が特別長いわけではありません。午前、午後と2部練習をした場合でも〝実際に走っている時間〟は、せいぜい数時間。もっと短いこともあるでしょう。

しかしどの大学も、長距離のチームでケガをしている選手がまったくいないという状況になりません（もちろん、ゼロになることを目指していますが）。一定のリズムで強いインパクトをかけ続けるランニングは、足腰への負荷が大きいうえにダメージが蓄積しやすく、金属疲労のように障害が生じてしまいます。その予防のためには、入念なケアが必要です。

私がランニングケアに重要なこととして、青山学院大学の選手たちに伝えている6つのことがあります。①走った後はしっかりとストレッチをする。②違和感のあるところは必ずアイシングをする。③走った後のダメージを最小限にとどめるために、準備運動をしっかりと行う。④ケアはストレッチだけで完結するものではない。トレーニングで補強&強化をしないと障害の予防はできない。⑤マッサージなどの施術は、セルフでランニングケアができている人だけが行う。⑥体のダメージは良質な睡眠でリカバリーされる（むしろストレッチよりも効果大！）。これは部活動で長距離走をしている学生や市民ランナーの方にも取り入れていただきたいものです。

RUNNING CARE

原監督の指導方針により、青学では、まずは自分で考えるということが徹底されています。たとえば、選手が脚のどこかに違和感を感じたとき。近くにいる私たちプロのトレーナーや、マッサーの方に聞けば、すぐに答えがもらえるかもしれません。病院に行ってドクターに診てもらえば、「〇〇という障害だから、しばらく走るのを休みましょう」と言われることもあるでしょう。仮に、休むことで症状が改善したとしても、なぜ障害が起きたのかを理解し、自覚をもってケアを行わなければ、また同じことを繰り返してしまいます。走りがいけないのか、トレーニングが足りないのか、ストレッチが足りないのか、睡眠が足りないのか、食事が良くないのか、シューズが合っていないのか。まずは自分で考えて、原因を理解することが、ケアの重要性への気づき、ケアの継続につながるのです。

自分で考える。とは言っても、その手がかりは必要です。スマートフォンを持っているのが当たり前になった今、自分で調べるとなると、まずはインターネットでとなってしまいがち。ネット上にももちろん、正しく詳しい情報がありますが、あまりに情報量が多く、正しいのか誤っているのかを判断するのは難しいところがあります。正しい情報から答えを探してほしいという思いから、スポーツモチベーションの青学担当トレーナーチーム、青学の選手、マネージャーたちとで作ったのが「青トレ 虎の巻」。それには、膝の横が痛い、脇腹が痛いといった症状から、何が原因でどのように対応すればいいのかが図解とともにわかるようになっています。また、対応策を実践したらどう変わったか、何が難しかったのか、どのくらいの期間で改善したのか、などといった先輩、卒業生のコメントも掲載されています。今回の「青学駅伝チームのピーキング&ランニングケア」には、一部ではありますが「青トレ 虎の巻」に書いてあることが抜粋されています。本書を参考に、ランニングケアに取り組んでみてください。

膝の外側の痛み

疑われる障害

腸脛靭帯炎《ちょうけいじんたいえん》

✕ 主な痛みの原因

- 走りすぎ。走行距離を急激に増やした
- ウォーミングアップ不足、ケア不足
- 内転筋群の筋力不足
- 下肢アライメント（骨配列）不良、O脚

○ 予防策

- **大臀筋のストレッチ**
- **大腿筋膜張筋のストレッチ**
- **内転筋群のトレーニング**

足に体重をのせたときに、膝の外側に痛みや違和感を感じる場合、腸脛靭帯炎が疑われます。広く知られるランニング障害の1つで、とくにビギナーランナーに多く見られます。

腸脛靭帯は、太ももの外側を通る大きく丈夫な靭帯。腸骨から膝関節をまたいで脛骨まで繋《つな》がっています。膝の曲げ伸ばしを繰り返し、大腿骨の外側の骨隆起と腸脛靭帯が擦れ合うと炎症が起き、痛みが生じます。

腸脛靭帯は、大腿筋膜張筋と大臀筋の一部を起始としています。この2つの筋肉が硬くなると、腸脛靭帯が引っ張られ、大腿骨外側の骨隆起との隙間がなくなり、炎症の大きな要因となってしまいます。そのため、大腿筋膜張筋と大臀筋のストレッチが重要になります。また内転筋群の筋力不足も原因になるので、あわせてトレーニングを行いましょう。

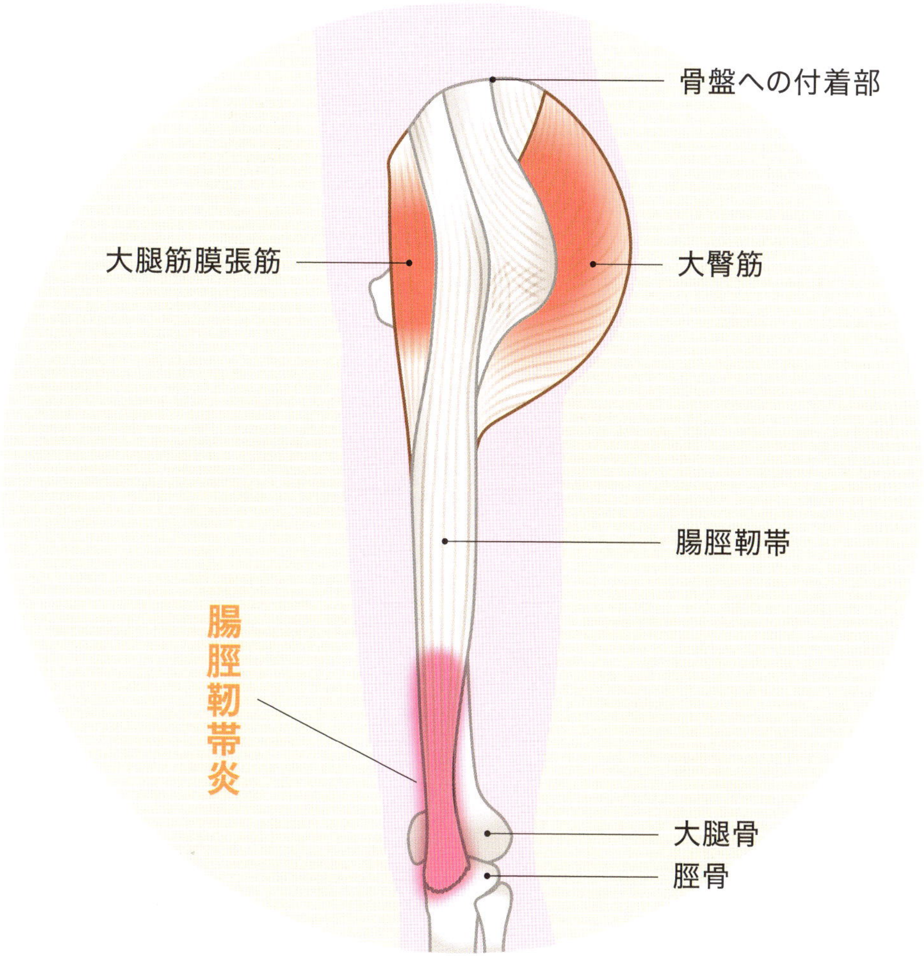

太もも の外側を走る、図の白い部分が腸脛靭帯。大臀筋、大腿筋膜張筋が硬くなると、腸脛靭帯が引っ張られ、大腿骨外側の骨隆起との隙間がなくなってしまう。

「大《だい》臀《でん》筋《きん》のストレッチ」

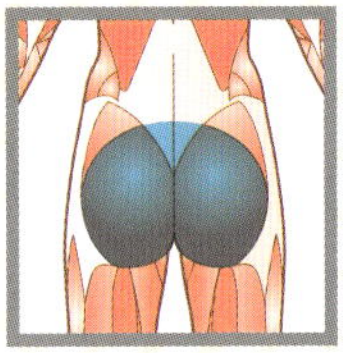

後面

STEP 1

セルフマッサージ

ストレッチポールの上に片側のお尻をのせます。両手両足を床についてバランスをとりましょう。ポールにのせた側と逆の脚の膝を曲げたり伸ばしたりして、ポールを動かし、大臀筋をマッサージします。もう一方の脚も同様に行いましょう。

20回を目安に

バリエーション

「食品用ラップフィルムの芯ではやりにくい」場合は、サッカーボールやメディシンボールを使ってみましょう。

ストレッチポールがない場合は、食品用ラップフィルムの芯でも代用が可能です。

STEP 2

ストレッチ

背筋を伸ばしましょう

30秒キープ

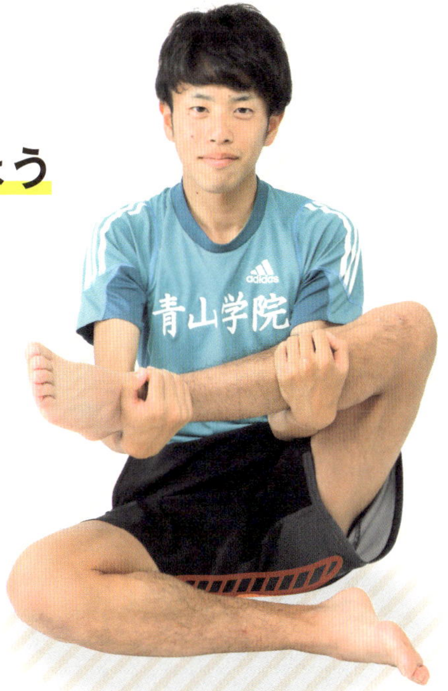

あぐらをかいた姿勢からスタート。片方の脚を両手で抱え、脛《すね》が床と平行になるようなイメージで持ち上げます。ふくらはぎを胸に引き寄せるように近づけてキープします。もう一方の脚も同様に行いましょう。

NG

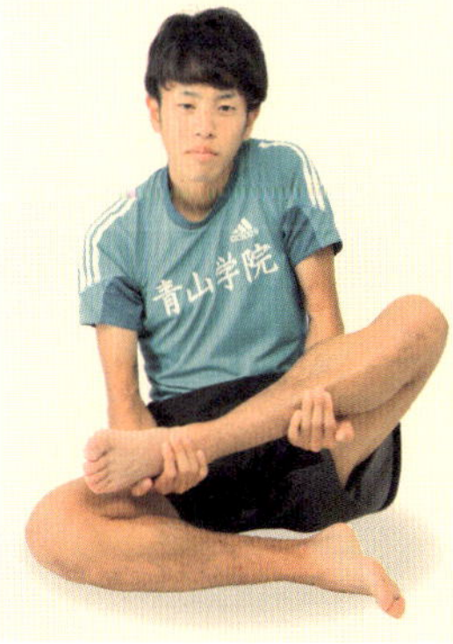

脛が床と平行になる高さまで脚が持ち上がらないと大臀筋がしっかり伸びません。難しい場合は、次のページで紹介している別のポーズで、大臀筋のストレッチを行いましょう。

1つの筋肉のストレッチといっても、たくさんのポーズがあります。自分がもっとも気持ちいい、やりやすいと感じるポーズで行うと、効果も高くなります。

下田裕太選手お気に入りの大臀筋ストレッチ

背中が曲がらないように注意

30秒キープ

片方の膝を立てて座ります。立てた膝にもう一方の脚を掛け、脛が床と平行になるように引き寄せます。両手は床についてバランスをとります。もう一方の脚も同様に行いましょう。

吉永竜聖選手お気に入りの大臀筋ストレッチ

膝立ちの姿勢からスタート。片方の脚を前に出しながら、両手を床につきます。前に出した脚の膝から下を逆側の手のほうに流します。後ろの脚は、骨盤が傾かないように気をつけながら、後方に伸ばしましょう。息を吐きながら上体を前に倒し、お尻に伸びを感じたところでキープ。もう一方の脚も同様に行いましょう。

「大《だい》腿《たい》筋《きん》膜《まく》張《ちょう》筋《きん》のストレッチ」

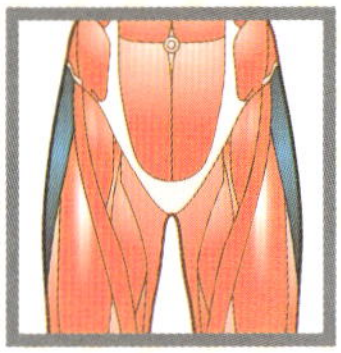

前面

STEP 1
セルフマッサージ

立位の姿勢で脚を横に持ち上げるときに使うのが大腿筋膜張筋。慣れるまでは、一度部位を確認して行うといいでしょう。ストレッチポールの上に骨盤の横をのせます。両手両足を床についてバランスをとりましょう。ポールにのせた側と逆脚の膝の曲げ伸ばしを使って、ポールを動かし、マッサージします。もう一方の脚も同様に行いましょう。

20回を目安に

バリエーション

「食品用ラップフィルムの芯ではやりにくい」場合は、サッカーボールやメディシンボールを使ってみましょう。

ストレッチポールがない場合は、食品用ラップフィルムの芯でも代用が可能です。

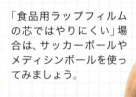

STEP 2

ストレッチ

30秒キープ

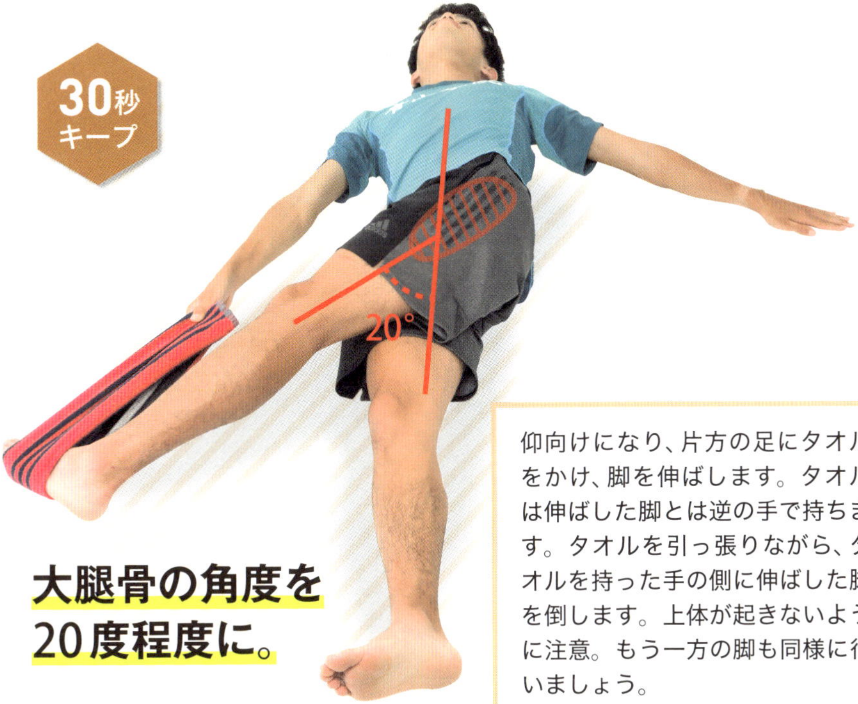

大腿骨の角度を20度程度に。

仰向けになり、片方の足にタオルをかけ、脚を伸ばします。タオルは伸ばした脚とは逆の手で持ちます。タオルを引っ張りながら、タオルを持った手の側に伸ばした脚を倒します。上体が起きないように注意。もう一方の脚も同様に行いましょう。

大腿骨の角度が広すぎると大腿筋膜張筋が伸びません。45度程度に開いた場合は、中臀筋が伸びます。

バリエーション

仰向けになり、腰に回したストレッチバンドを片方の足裏にかけます。上体が起きないように注意しながら、バンドをかけた側の脚を、反対の脚の方向に倒します。

「内《ない》転《てん》筋《きん》群《ぐん》のトレーニング」

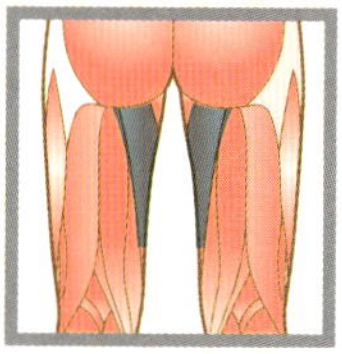

後面

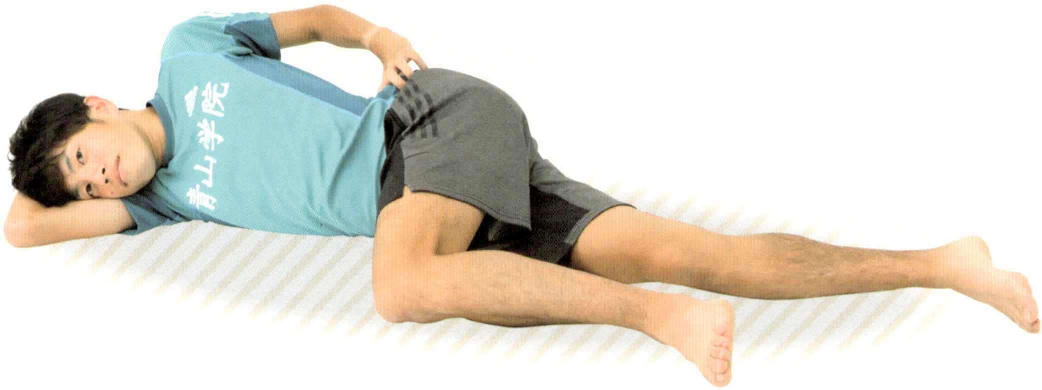

横向きで床に寝ます。上にある脚の膝を90度程度曲げ、下の脚は伸ばしておきます。下の腕は頭の下に。上側の手は腰のあたりに置いてバランスをとりましょう。

上体が前に倒れると、正しくトレーニングできません。

20回×2セット

伸ばした脚を上下させます

4秒かけて伸ばしている下の脚を引き上げます。また4秒かけて元のポーズに戻ります。もう一方の脚も同様に行いましょう。

バリエーション

ボールやクッションを脚の間に挟んで上下させても同様の効果が得られます。このときも、上体が前に倒れないように注意しましょう。

「腸《ちょう》脛《けい》靭《じん》帯《たい》炎《えん》」

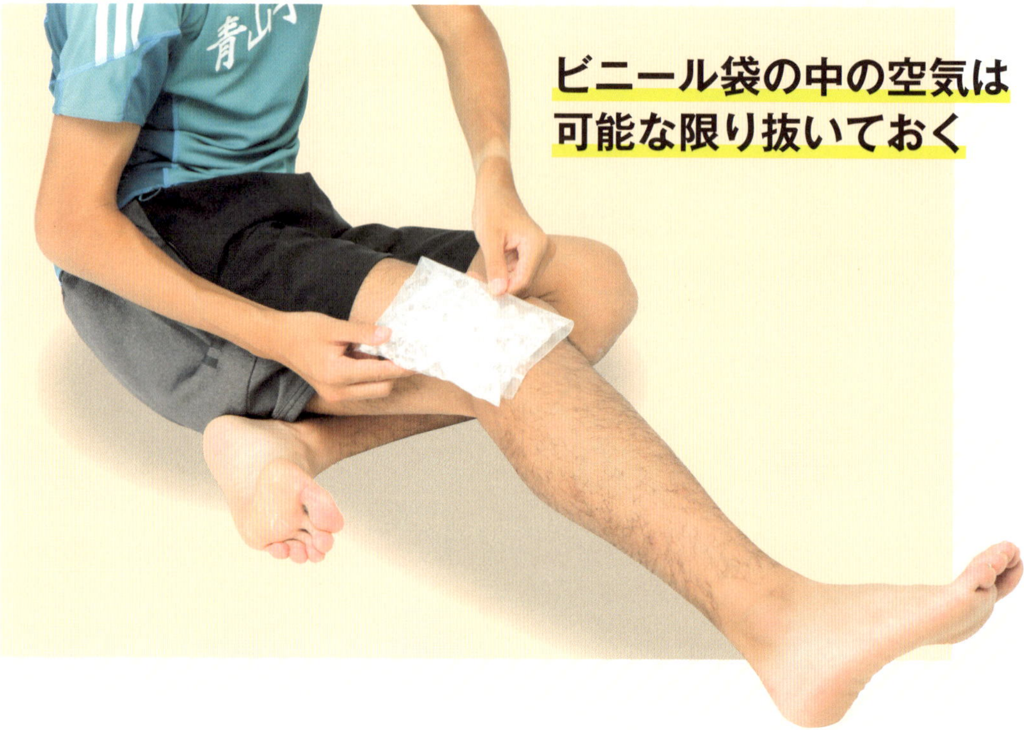
ビニール袋の中の空気は
可能な限り抜いておく

ビニール袋や氷嚢《ひょうのう》に氷を入れます。患部に密着させるために、袋の中の空気をできるだけ抜きます。

太ももの外側を通る腸脛靭帯は、骨盤（腸骨）から膝関節をまたいで脛骨に繋がっています。走った後に痛みや違和感を感じたら、しっかりアイシングしておきましょう。

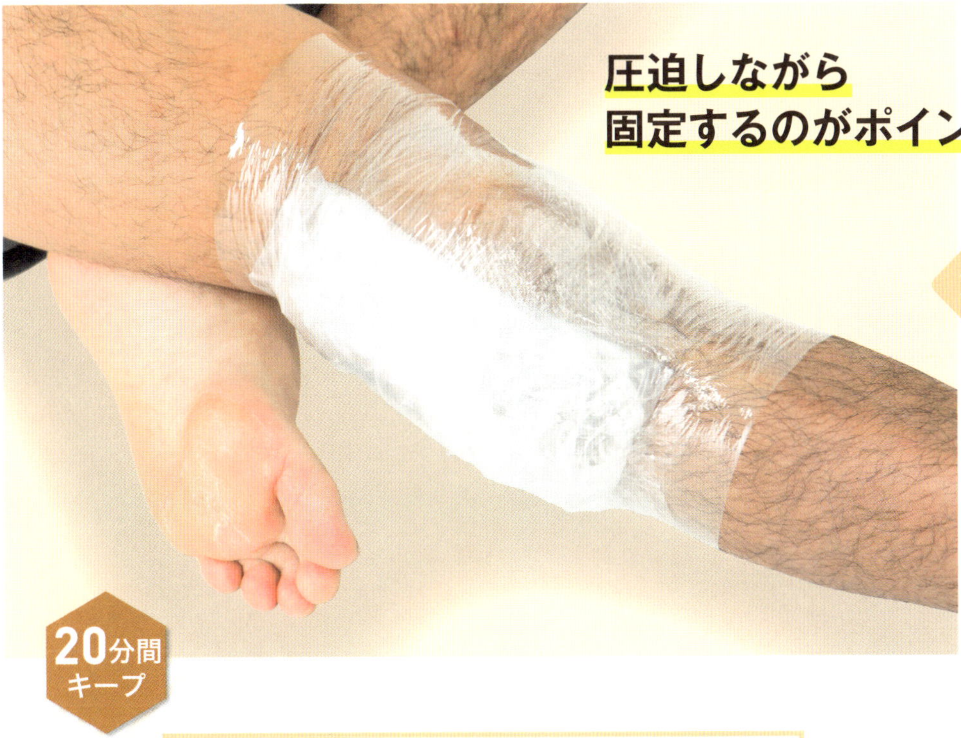
圧迫しながら
固定するのがポイント
20分間
キープ

患部に氷の入ったビニール袋（または氷嚢）をあて、専用のアイスラップなどを使って圧迫しながら固定します。冷気が逃げないように、ビニール袋の大きさよりも広めにアイスラップを巻きます。完成したら、患部が心臓よりも高い位置にくるようにして安静にしましょう。20分間はそのままにしてください。

膝の皿の上の痛み

疑われる障害

膝蓋靭帯炎《しつがいじんたいえん》

✕ 主な痛みの原因

- ストライドが大きい、地面を強く蹴って走っている
- 後傾した姿勢で走っている
- 大腿四頭筋の柔軟性不足
- 下肢アライメント不良、X脚
- 膝蓋腱が長い、膝蓋骨の形に問題がある

○ 予防策

- **大腿四頭筋のストレッチ**

ランニング中、とくに着地時に膝の前面や周辺に痛みや違和感を感じる場合に疑われるのは、膝蓋靭帯炎です。

膝蓋靭帯は、膝蓋骨と脛骨を繋ぐ靭帯。ランニングによる膝の曲げ伸ばしを繰り返すことで炎症が起こり、痛みや違和感が生じます。場合によっては、患部が熱をもったり、腫れたりすることもあります。

ランニングの際、着地の衝撃を吸収する役割も膝蓋靭帯は担っています。ランニングの着地時は、膝におよそ体重の3倍以上もの衝撃がかかると言われています。長時間、長距離走ることで、この大きな衝撃によるダメージが蓄積し、炎症を引き起こします。

フォームや走り方も膝蓋靭帯炎の原因になりますが、多くの場合、大腿四頭筋の柔軟性不足が原因となっています。日頃から入念なストレッチをしておきましょう。

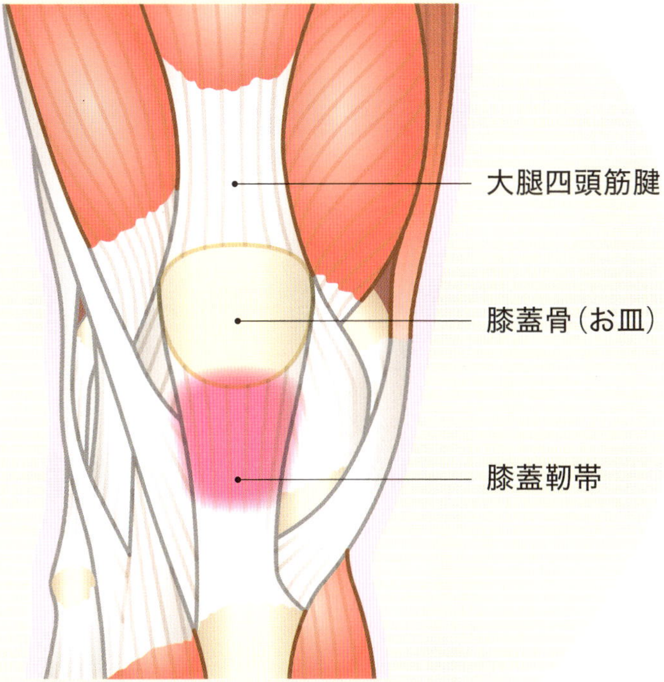

大腿四頭筋の柔軟性がなくなると、膝蓋靭帯が引っ張られてしまいます。膝蓋靭帯が引っ張られた状態で膝の曲げ伸ばしを繰り返すと過剰な負荷がかかり、炎症を起こします。それにより、膝の皿の上に痛みが出ます。

「大《だい》腿《たい》四《し》頭《とう》筋《きん》のストレッチ」

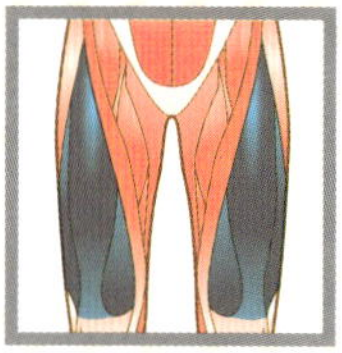

前面

STEP 1

セルフマッサージ

20回を目安に

うつ伏せになり、両脚の太ももの下にストレッチポールを置きます。両腕を床につきバランスをとります。床についた腕を起点に体とポールを動かし、大腿四頭筋をマッサージします。

バリエーション

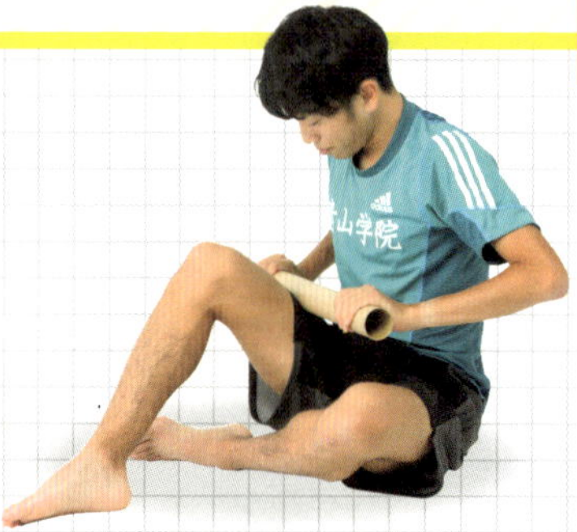

ストレッチポールがない場合は、食品用ラップフィルムの芯でも代用が可能です。片膝を立てて座り、大腿四頭筋の上で筒を転がすようにマッサージします。

STEP 2

ストレッチ

腰を押し出して上体を捻る

30秒キープ

あぐらをかいた姿勢からスタート。片方の脚を崩し、同じ側の手で足の甲をつかみます。もう一方の手は床についてバランスをとりましょう。つかんだ足を臀部に引きつつ、息を吐きながら上体を床についた手の方向に捻ります。視線も上体を捻った方向に向けましょう。もう一方の脚も同様に行いましょう。

NG

手で足の甲をつかんだ側の脚の膝が前に出てしまうのはNG。大腿四頭筋が十分に伸ばせません。

1つの筋肉のストレッチといっても、たくさんのポーズがあります。いくつかのポーズを試して、自分が伸び感を感じるポーズを見つけ出しましょう。

下田裕太選手お気に入りの大腿四頭筋ストレッチ

30秒キープ

腰はしっかりと前に押し出す。

膝立ちの姿勢からスタート。片方の脚を、膝が90度程度になるくらいまで前に踏み出します。腰も前に押し出しましょう。後方にある脚の足の甲を同じ側の手でつかみます。かかとをお尻に引きつけてキープ。もう一方の脚も同様に行いましょう。

吉永竜聖選手お気に入りの大腿四頭筋ストレッチ

30秒キープ

背中が丸まらないように注意

足を腰幅に広げて立った姿勢からスタート。片脚立ちになり、つま先を同じ側の手でつかみます。息を吐きながらかかとをお尻に近づけて、キープします。バランスをとりにくい場合は、もう一方の手を壁などについてかまいません。もう一方の脚も同様に行いましょう。

「膝《しつ》蓋《がい》靭《じん》帯《たい》炎《えん》のアイシング」

ビニール袋の中の空気は可能な限り抜いておく

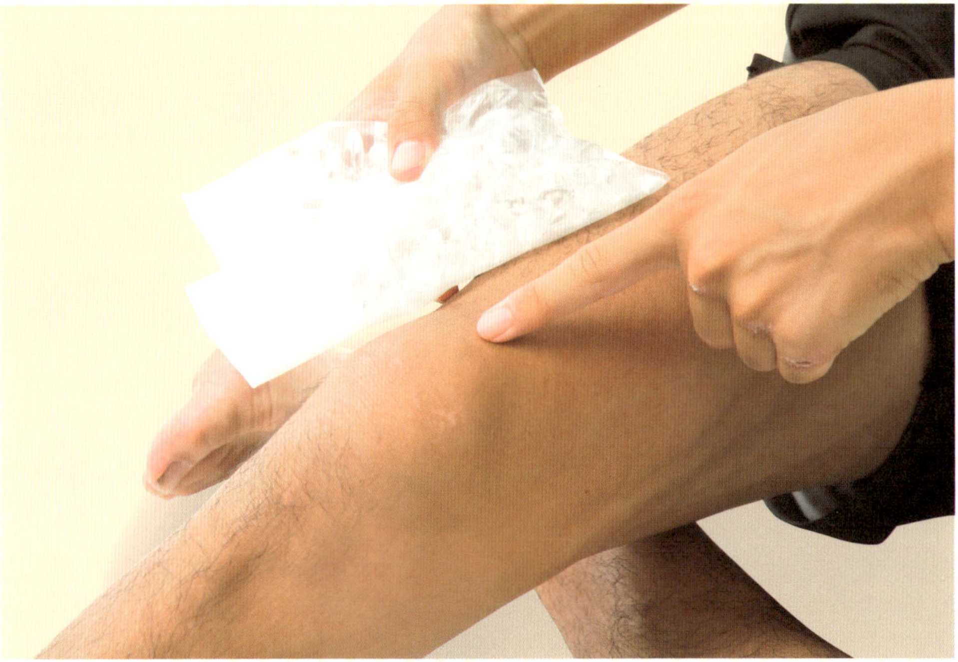

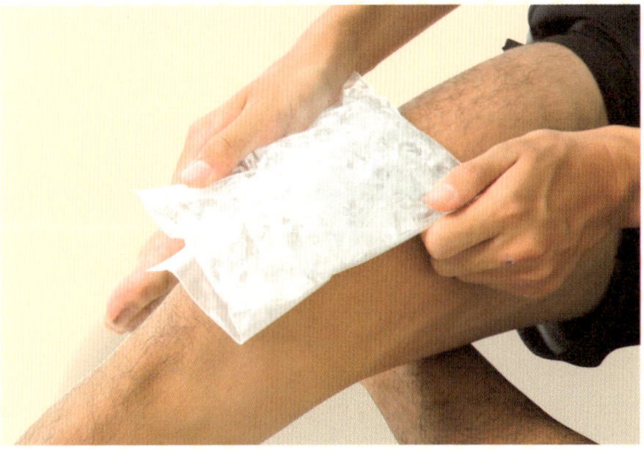

ビニール袋や氷嚢に氷を入れます。患部に密着させるために、袋の中の空気をできるだけ抜きます。

膝蓋靭帯は膝蓋骨と脛骨を繋ぐ靭帯。着地の衝撃を吸収する役割もあります。着地時に膝の前面や周辺に痛みや違和感を感じたら、アイシングしておきましょう。

20分間
キープ

圧迫しながら固定するのがポイント

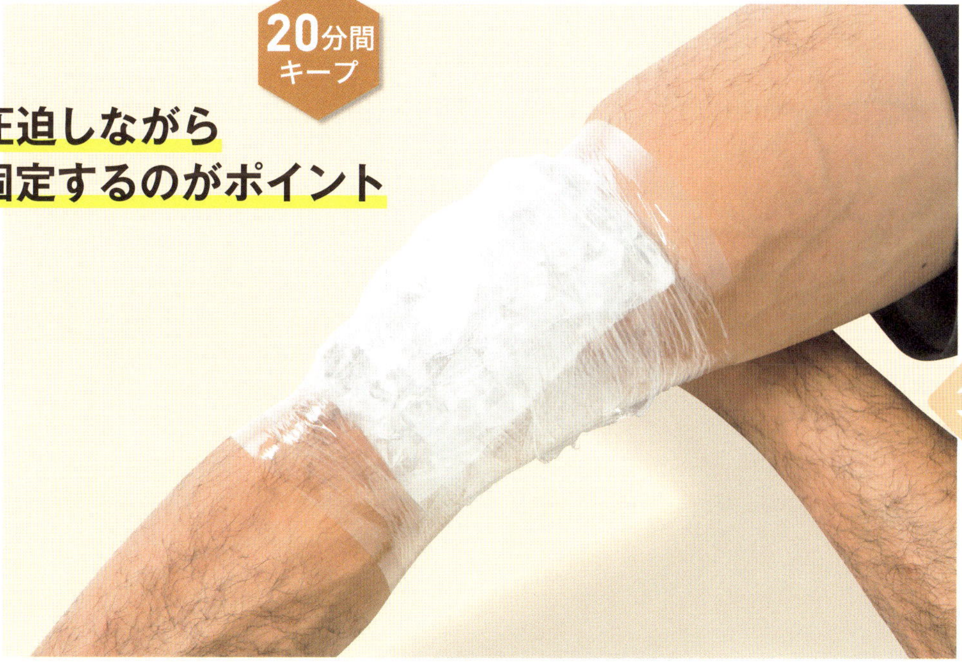

患部に氷の入ったビニール袋(または氷嚢)をあて、専用のアイスラップなどを使って圧迫しながら固定します。冷気が逃げないように、ビニール袋の大きさよりも広めにアイスラップを巻きます。完成したら、患部が心臓よりも高い位置にくるようにして安静にしましょう。20分間はそのままにしてください。

膝の内側の痛み

疑われる障害

鵞《が》足《そく》炎《えん》

✕ 主な痛みの原因

- 膝が内側に倒れこむ走り方をしている
- オーバープロネーション
- 半腱様筋・薄筋・縫工筋の柔軟性不足
- 大臀筋・中臀筋・内転筋群の筋力不足

○ 予防策

- **半腱様筋のストレッチ**
- **薄筋のストレッチ**
- **縫工筋のストレッチ**

骨盤から伸びる半腱様筋、薄筋、縫工筋の3つの腱は、膝の内側で脛骨に付着しています。この付着部はガチョウ（鵞鳥）の足の形に似ていることから、鵞足と呼ばれています。膝の屈伸運動が繰り返されることによって、鵞足が脛骨と擦れて炎症が起きるのが鵞足炎。腸脛靭帯炎と並び、ポピュラーなランニング障害です。

ランニング後に膝の内側や、膝蓋骨の内側に、はっきりしない痛みや違和感を感じるのが鵞足炎の初期症状。進行すると階段の上り下りや、普通に歩くときにも痛みが生じます。患部の動きに合わせて痛みの箇所が変わるのも特徴になります。

オーバーユースが最たる原因ですが、半腱様筋、薄筋、縫工筋の柔軟性不足は、炎症が起きる可能性を高めます。ストレッチを欠かさないようにしましょう。

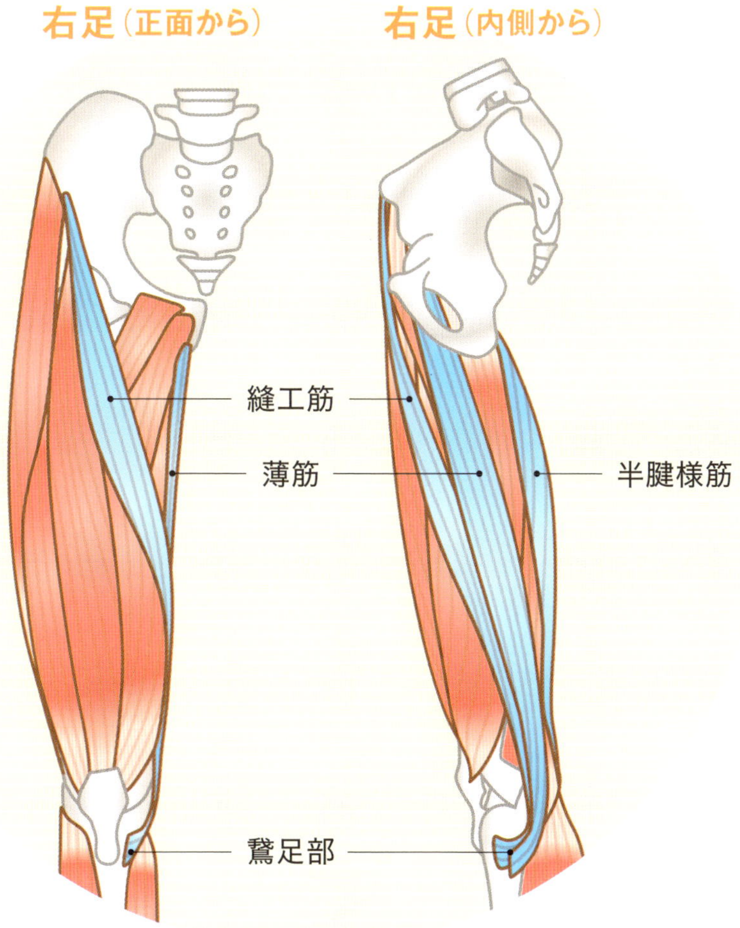

半腱様筋、薄筋、縫工筋の腱は膝の内側で脛骨に付着しています。腱が並んだ付着部がガチョウの足のように見えるので、鵞足と言われます。半腱様筋、薄筋、縫工筋の柔軟性が不足すると、付着部が引っ張られて炎症の原因となります。

「半腱様筋《はんけんようきん》・薄筋《はっきん》・縫工筋《ほうこうきん》のストレッチ」

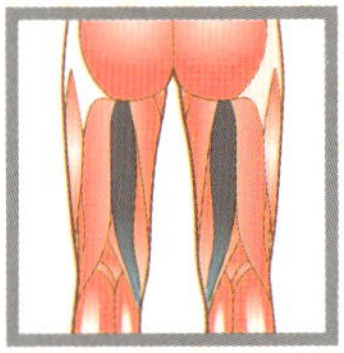

後面

STEP 1

セルフマッサージ

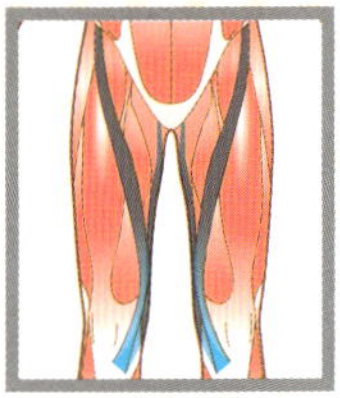

前面

ハムストリングスの一部で、大腿二頭筋よりも体の内側に位置する半腱様筋のマッサージ。片方の脚を伸ばしてストレッチポールの上にのせます。両手を床についてバランスをとりましょう。ポールにのせた側と逆脚の膝の曲げ伸ばしを使って、ポールを動かします。もう一方の脚も同様に行いましょう。

股関節周辺から大腿部前面を通り膝の内側に向かって伸びる縫工筋と、太もも内側にある薄筋のマッサージ。あぐらをかくように座り、片方の脚を伸ばしてストレッチポールの上にのせます。両手を床についてバランスをとりましょう。筋肉の位置を意識しながら、ポールを動かしてマッサージをします。もう一方の脚も同様に行いましょう。

バリエーション

ストレッチポールがない場合は、食品用ラップフィルムの芯でも代用が可能です。片膝を立てて座り、それぞれの筋肉の上で筒を転がすようにマッサージします。

STEP 2

半腱様筋のストレッチ

**前脚の膝は
伸ばしたままキープ**

30秒
キープ

STEP3へ

NG

つま先が内側を向き、股関節が内転位になると半腱様筋が伸びません。

立位の状態からスタート。片方の脚を前に出し、かかとを床につけ、つま先を上げます。このとき、つま先を外側に向けましょう。前に出した脚の太ももに手を重ね、息を吐きながら腰を落とし、お尻を後ろに引きます。前脚の膝は伸ばしたまま、背筋が曲がらないように注意。もう一方の脚も同様に行いましょう。

STEP 3

薄筋のストレッチ

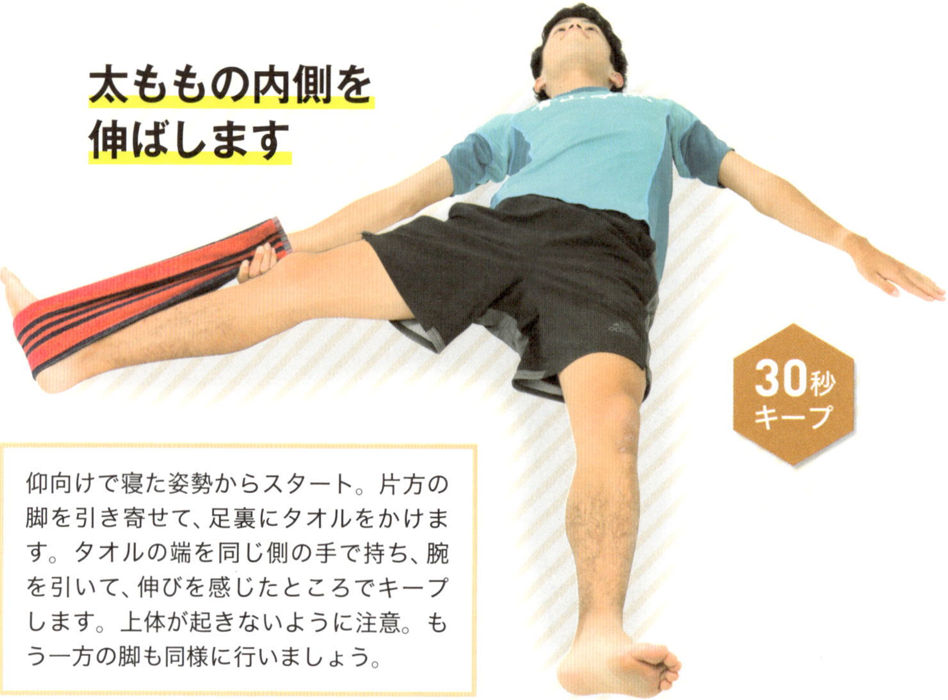

太ももの内側を伸ばします

30秒キープ

仰向けで寝た姿勢からスタート。片方の脚を引き寄せて、足裏にタオルをかけます。タオルの端を同じ側の手で持ち、腕を引いて、伸びを感じたところでキープします。上体が起きないように注意。もう一方の脚も同様に行いましょう。

バリエーション

仰向けになり、背中にまわしたストレッチバンドを片方の足裏にかけます。上体が起きないように注意しながら、バンドを引いて伸びを感じたところでキープします。

STEP 4

縫工筋のストレッチ

股関節と膝の角度、かかとの向きに注意

30秒キープ

脚を伸ばして座った姿勢から、片方の脚の膝を曲げます。上体をやや後ろに倒し、両手を床についてバランスをとります。膝を曲げた脚のつま先は外側に向けます。もう一方の脚も同様に行いましょう。

上体を完全に倒してしまうと、膝に負担がかかり痛める可能性があります。

かかとがお尻の下に入ってしまうと縫工筋が伸ばせません。

「鵞《が》足《そく》炎《えん》のアイシング」

ビニール袋の中の空気は可能な限り抜いておく

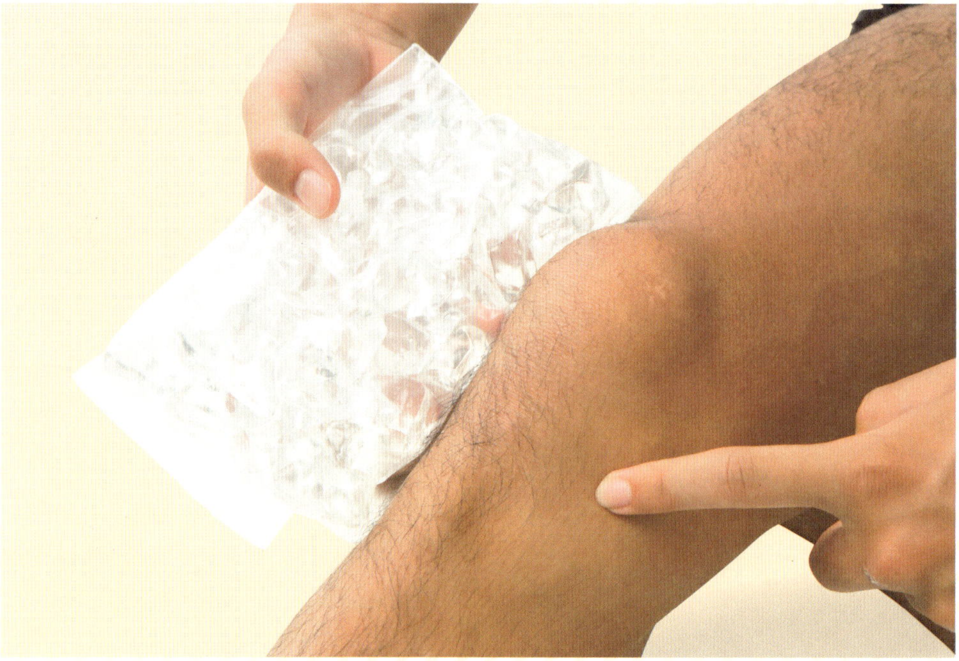

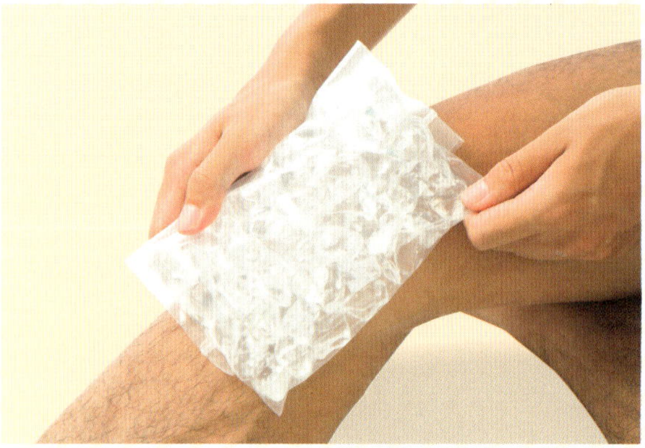

ビニール袋や氷嚢に氷を入れます。患部に密着させるために、袋の中の空気をできるだけ抜きます。

半腱様筋、薄筋、縫工筋の腱は、膝の内側で脛骨に付着しています。この付着部はガチョウの足の形に似ていることから鵞足と呼ばれています。この鵞足が脛骨と摩擦し、炎症を起こすのが鵞足炎。走った後に痛みや違和感を感じたら、しっかりとアイシングしておきましょう。

20分間キープ

圧迫しながら固定するのがポイント

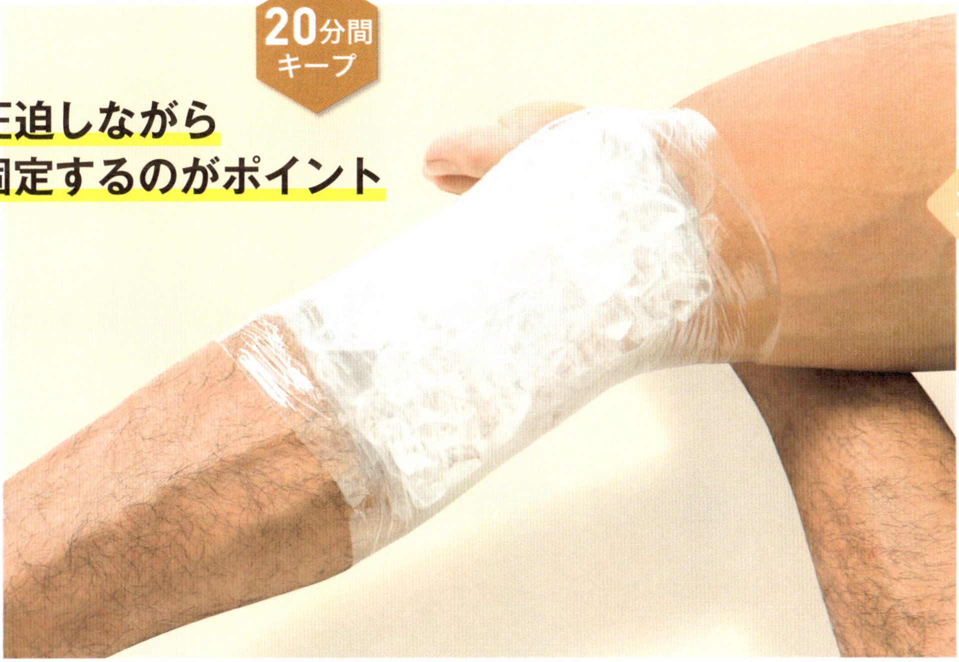

患部に氷の入ったビニール袋(または氷嚢)をあて、専用のアイスラップなどを使って圧迫しながら固定します。冷気が逃げないように、ビニール袋の大きさよりも広めにアイスラップを巻きます。完成したら、患部が心臓よりも高い位置にくるようにして安静にしましょう。20分間はそのままにしてください。

膝の曲げ伸ばしによる痛み

疑われる障害

半月板損傷

✕ 主な痛みの原因

- ☑ 膝が内側に入る走り方をしている
- ☑ 膝が完全に伸びきって着地している
- ☑ 大腿四頭筋、中臀筋などの筋力不足
- ☑ ハムストリングスの柔軟性不足

○ 予防策

- **大腿四頭筋のトレーニング**
- **中臀筋のトレーニング**
- **ハムストリングスのストレッチ**

ランニング中に膝の曲げ伸ばしを行った際、膝の周辺で引っかかるような痛みや違和感を感じた場合、半月板損傷が疑われます。半月板とは膝関節の大腿骨と脛骨の隙間にある三日月型をした軟骨様の組織。内側、外側にそれぞれあり、膝の動きをスムーズにする役割や、膝の曲げ伸ばしを行ったり回したりする際に膝関節を安定させ衝撃を分散させる役割を担っています。

半月板は、無理な動作や膝が捻れる動作が繰り返されると劣化し、断裂してしまいます。ひどい場合には、膝に水（関節液）がたまることもあります。また、関節内に半月板の一部が挟まると、膝がある角度で動かなくなるロッキング症状が起こります。放置すると変形性膝関節症にもつながるので、早めに病院で医師の診察を受けましょう。

半月板断裂

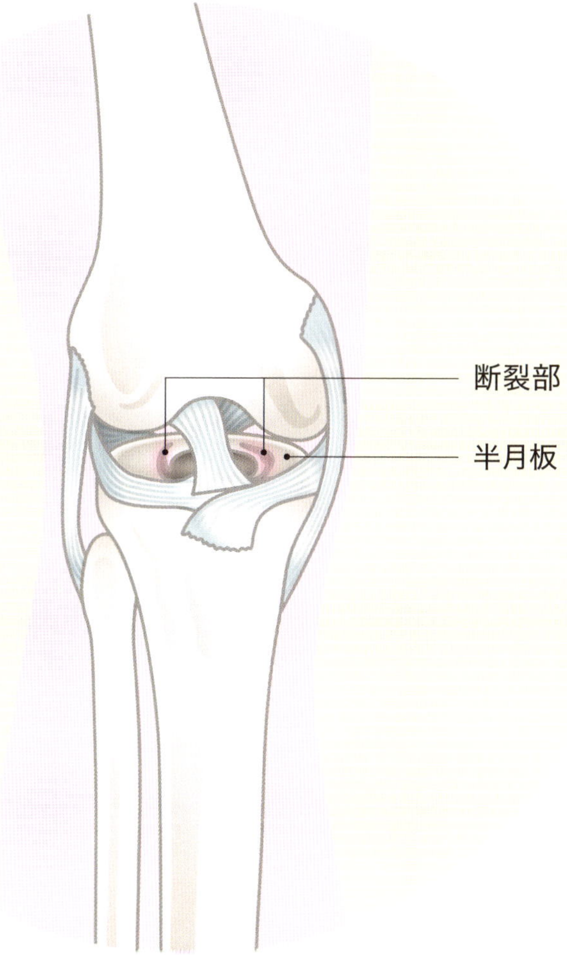

半月板は衝撃を吸収し、膝の動きをスムーズにする役割を担っています。大腿四頭筋の筋力が低下すると、半月板にインパクトが伝わりやすくなり負担をかけます。また、中臀筋が弱くなると膝関節が不安定になりやすく、半月板への負荷が高まります。

「大《だい》腿《たい》四《し》頭《とう》筋《きん》のトレーニング」

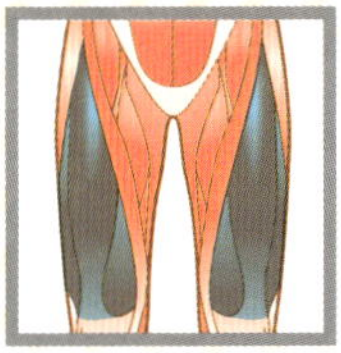

前面

前脚のつま先に体重をのせる

片脚を後ろに大股１歩分下げて腰を落とします。両手は前脚の太ももの上に揃えて置き、前傾姿勢になります。

前脚に体重をのせたまま、4秒かけて膝を伸ばしながら腰を上げます。4秒かけて元のポーズに戻ります。もう一方の脚も同様に行いましょう。

20回×3セット

4秒かけて伸ばし、4秒かけて戻る

NG

前脚のかかとに荷重すると、大腿四頭筋ではなく、ハムストリングスや臀筋に効いてしまいます。

「中《ちゅう》臀《でん》筋《きん》のトレーニング」

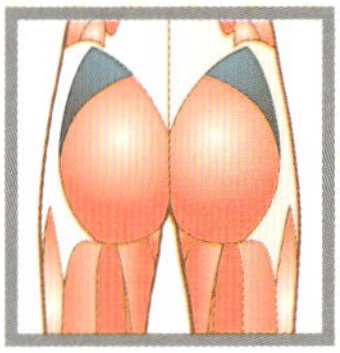

後面

しっかりと上体を安定させる

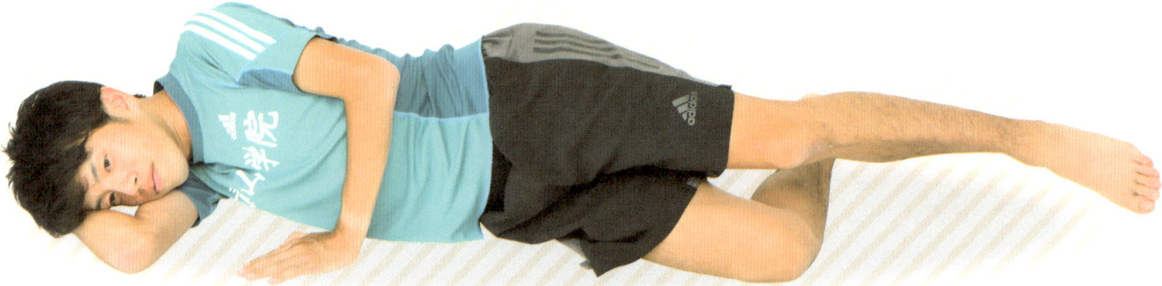

横向きに寝て、下側の脚の膝を曲げ、上側の脚を伸ばします。下側の腕は頭の下に、上側の手は床についてバランスをとります。

20回×3セット

4秒かけて持ち上げ、4秒かけて戻す

伸ばした上側の脚を４秒かけて持ち上げ、４秒かけて元のポーズに戻ります。もう一方の脚も同様に行いましょう。

NG

骨盤が後ろに倒れてしまうと、中臀筋に効かすことができません。

「大《だい》腿《たい》四《し》頭《とう》筋《きん》のトレーニングと膝裏のストレッチ」

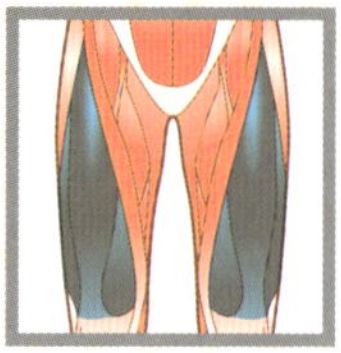

前面

クッションを
2つ重ねた高さがポイント

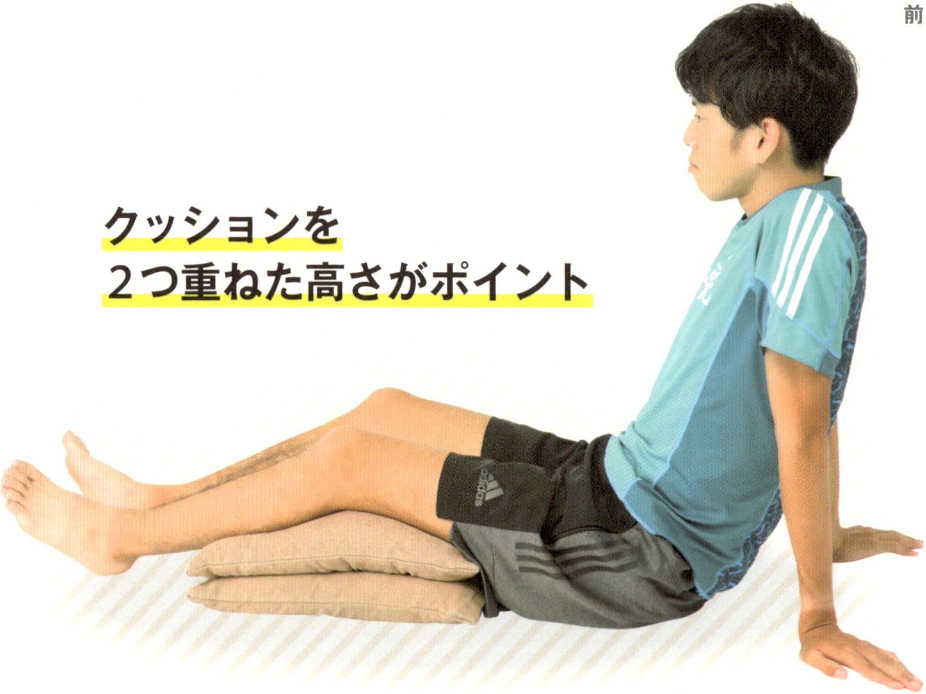

クッションを2つ重ねて、その上に両脚をのせて床に座ります。両手は後方についてバランスをとります。

20回×3セット

2秒かけて伸ばし4秒静止、2秒かけて元に戻る

クッションを潰すように2秒かけて両脚を伸ばし、つま先を外側に向けて4秒静止、2秒かけて元のポーズに戻ります。片脚ずつ行ってもかまいません。

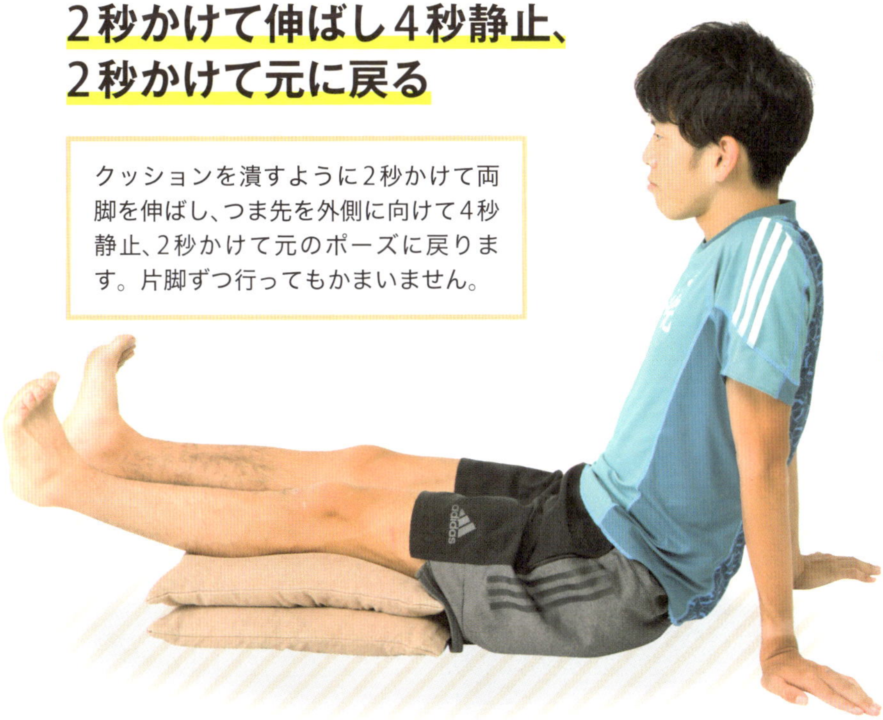

バリエーション

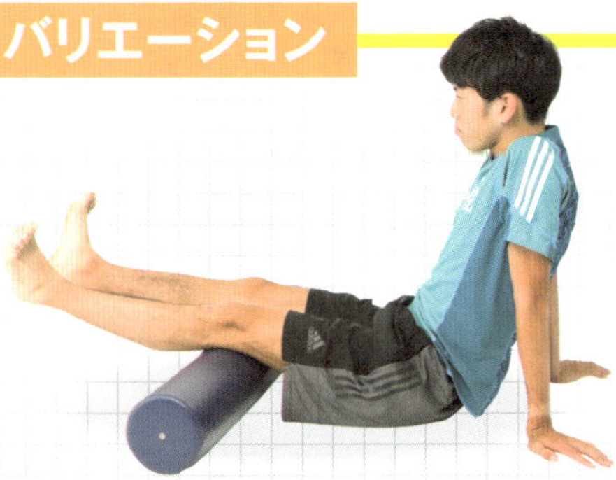

ストレッチポールを使っても同様のトレーニングが可能です。

「膝の曲げ伸ばしが痛い場合のアイシング」

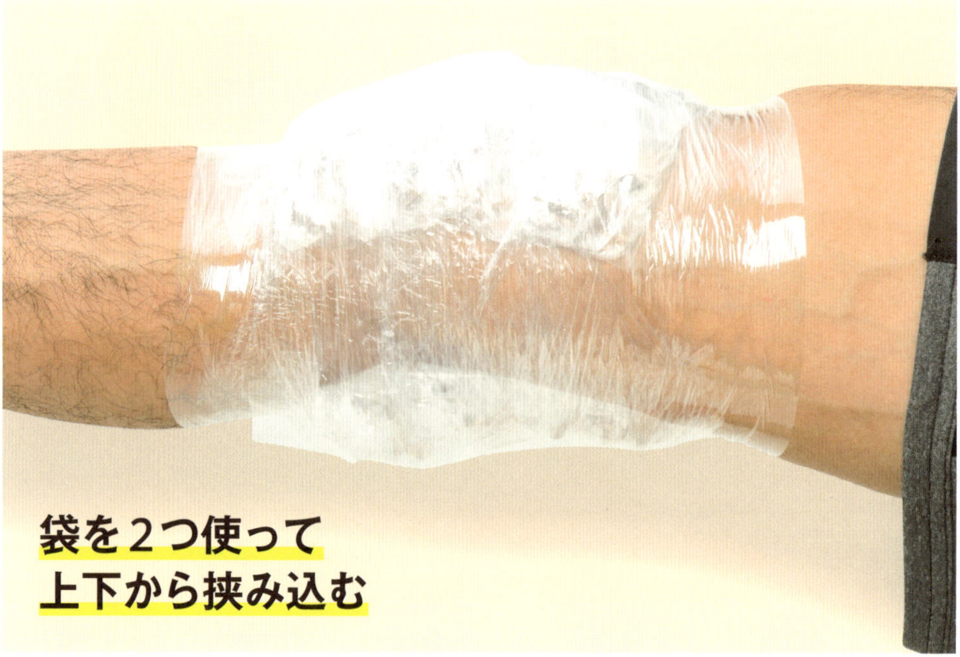

ビニール袋や氷嚢に氷を入れます。患部に密着させるために、袋の中の空気をできるだけ抜きます。半月板は深部にある組織なので、膝の上、膝の裏の両方に袋をあて、しっかりと冷やすことが重要です。

膝の曲げ伸ばしを行う際に痛みや違和感がある場合は、半月板損傷が疑われます。すぐに医師の診断を受けてください。半月板は膝の内部、大腿骨、脛骨の内側と外側の関節の隙間にある、三日月型の組織。ランニング中、ランニング後に痛みや違和感を感じたら、すぐにアイシングをしましょう。

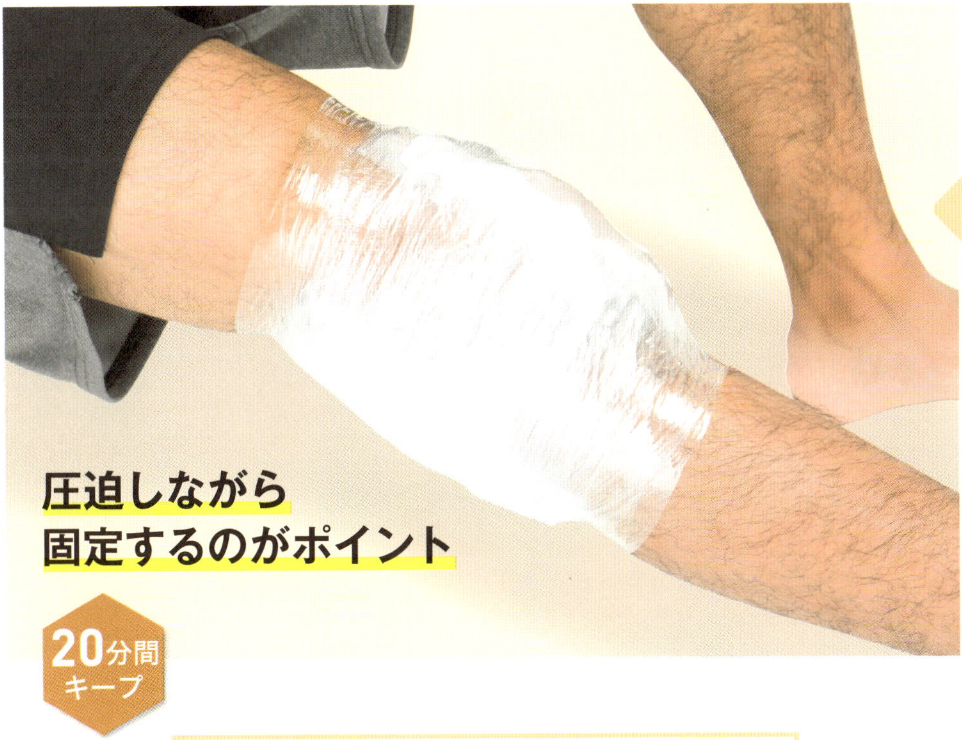

20分間キープ

患部に氷の入ったビニール袋（または氷嚢）をあて、専用のアイスラップなどを使って圧迫しながら固定します。冷気が逃げないように、ビニール袋の大きさよりも広めにアイスラップを巻きます。完成したら、患部が心臓よりも高い位置にくるようにして安静にしましょう。20分間はそのままにしてください。

PROFILE

下田裕太

Yuta Shimoda

Q1 ▷ 青トレ4年目で自分の走りはどう変わった？

スピード感が出るようになった。

Q2 ▷ ピーキングで結果はどう変わったか？

高校時代には駅伝で力を発揮できたことがなかったが、力を出せるようになった。

Q3 ▷ ランケアで体はどう変わったか？

大学の距離に対応できるようになった。

Q4 ▷ 自分の走りの“ここ”を見てほしい！

笑顔での襷《たすき》渡し。

Q5 ▷ 2017-18シーズンのチームはどんなチームか？

各学年に勢いのある選手やムードメーカーがいて元気のあるチーム。

Q6 ▷ 今季のキーマンとその理由は？

中村祐紀。力を発揮してくれればぐっと勝利に近づく。

Q7 ▷ このチームでの自分の役割をどう考える？

チームのムードメーカー。結果を残す。

Q8 ▷ 好きな言葉とその理由

“今楽しいと思えることは、今が一番楽しめるよ”
理由はない。

Q9 ▷ 自分にとって最高のランとは？

まだない。

Q10 ▷ ランナーとしての将来の目標は？

日本で一番影響力のある選手になる。

しもだ・ゆうた（4年）

1996年3月31日、静岡県小山町生まれ。
加藤学園高校。身長169㎝・体重54kg・
シューズのサイズ26.0㎝・血液型A型

青トレ AO TORE

CHAPTER 3

CARE OF BACK&WAIST

腰背部のケア

腰や背中の張り

疑われる障害

筋・筋膜性腰《よう》椎《つい》症

✕ 主な痛みの原因

- 慢性の症状はオーバーユースによる疲労
- 後傾した姿勢で走っている
- 腰背部の筋、筋膜の疲労。または伸びすぎ
- 大臀筋やハムストリングスなどの股関節伸筋群、梨状筋などの外旋筋群の柔軟性不足
- 体幹部の筋力不足

○ 予防策

- **大臀筋のストレッチ**
- **ハムストリングスのストレッチ**
- **腸腰筋のストレッチ**
- **体幹部のトレーニング**

筋・筋膜性腰椎症は、運動をすることによって、腰の筋膜や筋肉が損傷し、背中や腰に張りや痛みが生じる障害です。背骨の両脇にある脊柱起立筋群が硬くなり、筋肉に沿って張りや痛みが生じます。横になって安静にしていると痛みを感じませんが、体勢を変えようとすると再び痛みが生じるのが症状の特徴です。

慢性的な症状の場合、主な原因は、オーバーユースです。腰を支える筋肉に慢性的な緊張があったり、疲労が蓄積したりすると筋・筋膜性腰椎症につながります。スポーツ全般に見られる障害ですが、ランニングでは姿勢の維持、着地時の衝撃などが、腰を支える筋肉に負荷をかけます。

無理な体勢をとることによる急性の発症もありますが、急性の痛みの場合は、肉離れ、腰椎捻挫であることも考えられます。

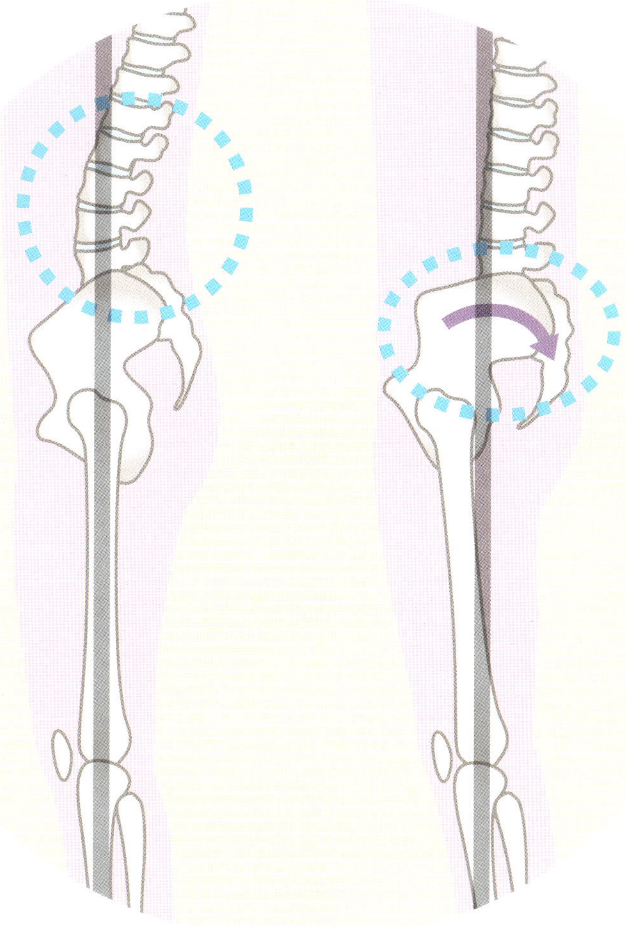

大臀筋とハムストリングスの柔軟性が低下すると骨盤が後傾。腰椎がフラットになりやすくなり、腰椎に負担をかけます。また反対に、腸腰筋の柔軟性が低下すると骨盤は過剰に前傾。腰椎が過剰に前湾しやすく（反りやすく）なり、腰椎に負担をかけます。

「大《だい》臀《でん》筋《きん》のストレッチ」

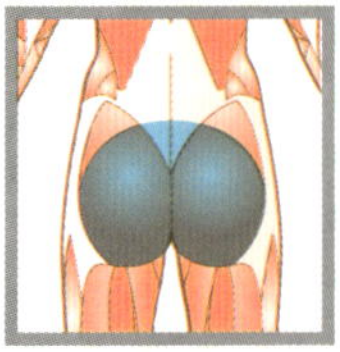

後面

STEP 1

セルフマッサージ

ストレッチポールの上に片側のお尻をのせます。両手両足を床についてバランスをとりましょう。ポールにのせた側と逆脚の膝の曲げ伸ばしを使って、ポールを動かし、大臀筋をマッサージします。もう一方の脚も同様に行いましょう。

20回を目安に

バリエーション

「食品用ラップフィルムの芯ではやりにくい」場合は、サッカーボールやメディシンボールを使ってみましょう。

ストレッチポールがない場合は、食品用ラップフィルムの芯でも代用が可能です。

STEP 2

ストレッチ

お尻に伸びを感じたところでキープ

30秒キープ

仰向けに寝て、片方の膝を立てます。膝を立てた脚の太ももに、もう一方の脚の足首あたりを置きます。膝を立てた脚の太もも裏を両手で持ち、胸のほうに引き寄せます。肩が床から浮かないように注意。もう一方の脚も同様に行いましょう。

「ハムストリングスのストレッチ」

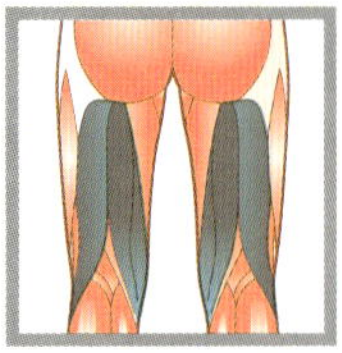

後面

STEP 1
セルフマッサージ

ストレッチポールの上に両脚の太ももの裏をのせます。両手両足を床についてバランスをとりましょう。体重移動を使って、ポールを動かし、ハムストリングスをマッサージ。お尻のあたりから、膝の裏近くまでしっかりとマッサージしましょう。

20回を目安に

バリエーション

ストレッチポールがない場合は、食品用ラップフィルムの芯でも代用が可能です。

STEP 2

ストレッチ

上体が床から離れないように

30秒キープ

仰向けに寝て、両膝を立てます。ストレッチバンドの両端を持ち、片方の足裏にかけます。上方に脚を上げ、ストレッチバンドを引き、太もも裏に伸びを感じたところでキープします。もう一方の脚も同様に行いましょう。ストレッチバンドがなければ、タオルでも代用可能です。

NG

膝が伸びきってしまうと、ハムストリングスが十分に伸びません。膝は軽く曲げておきましょう。

「腸《ちょう》腰《よう》筋《きん》のストレッチ」

STEP 1
動的ストレッチ（ニーイン&ニーアウト）

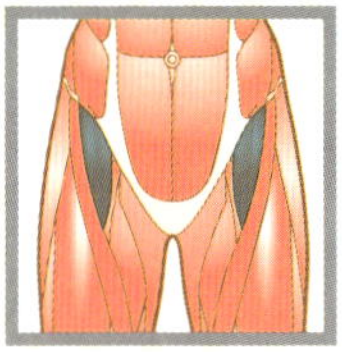
前面

四つん這《ば》いの姿勢からスタート。腕は肩幅、膝は腰幅に開きます。体が左右にブレないように注意しながら、片脚を後方に伸ばします。膝が腰と同じ高さになるのが目安です。

10回を目安に

伸ばす、引き寄せるをリズミカルに繰り返す

後方に伸ばした脚の膝を、今度は、胸のほうに引き寄せます。これをリズミカルに10回程度繰り返します。もう一方の脚も同様に行いましょう。

STEP2へ

頭を上げすぎる、背中と腰を過度に反りすぎるのはNGです。

STEP 2

静的ストレッチ❶

30秒キープ

股関節を前に突き出すイメージで腰を落とす

前後に脚を大きく開き、前脚の膝を立て、後脚は伸ばして腰を落とします。膝を立てた側の手は太ももに置きます。前に出した脚のほうに上体を捻り、腸腰筋を伸ばします。もう一方の脚も同様に行いましょう。

NG

後脚の膝が前に出ていると腸腰筋が伸びません。腰を落として膝をなるべく後ろにもっていきましょう。

STEP 2

静的ストレッチ❷

**腰を前に
突き出しながらキープ**

30秒
キープ

前後に脚を大きく開きます。前に出した脚のほうに上体を捻り、腸腰筋を伸ばします。もう一方の脚も同様に行いましょう。

「腰背部の動的ストレッチ」❶

両膝は
90度程度をキープ

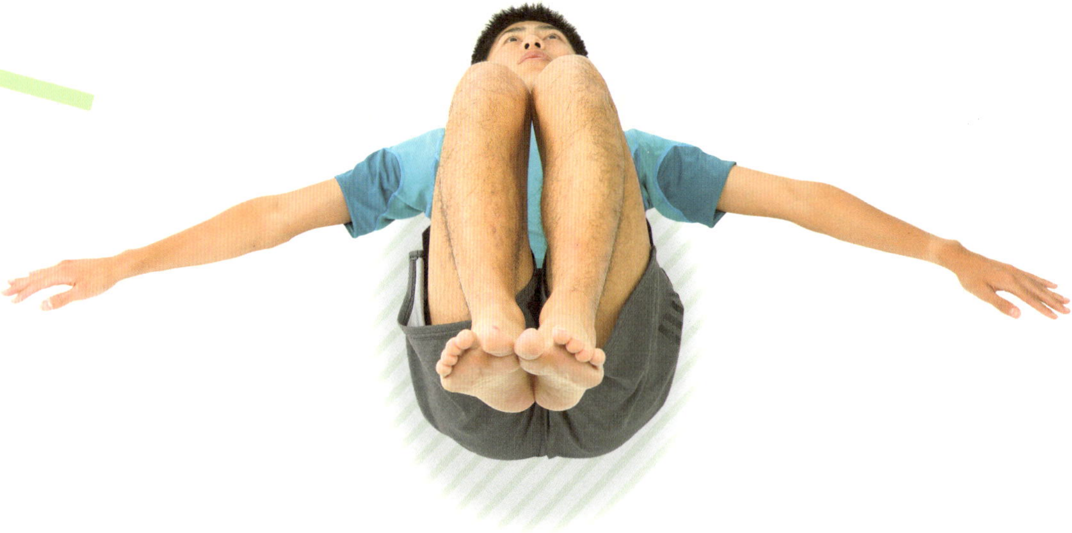

仰向けに寝て、両腕を広げ、両膝は
90度程度に曲げて持ち上げます。

20回を目安に

両肩はなるべく床から離さない

両膝を揃えたまま、足が床につくくらいまで膝を倒します。このとき、床から肩が離れないように注意しましょう。

反動を使わずに繰り返す

今度は逆側に倒します。呼吸をしながらリズミカルに繰り返しましょう。

「腰背部の動的ストレッチ」❷

両腕は肩の高さあたりで広げる

うつ伏せに寝て、両腕を左右に広げます。脚は腰幅程度に開きましょう。

両肩はなるべく床から離さない

上半身をなるべく動かさないように注意しながら、下半身を捻り、片方の脚をもう一方の脚側に持っていきます。持ち上げた足が床につくくらいまで捻ります。腰から脚をしっかり回しましょう。

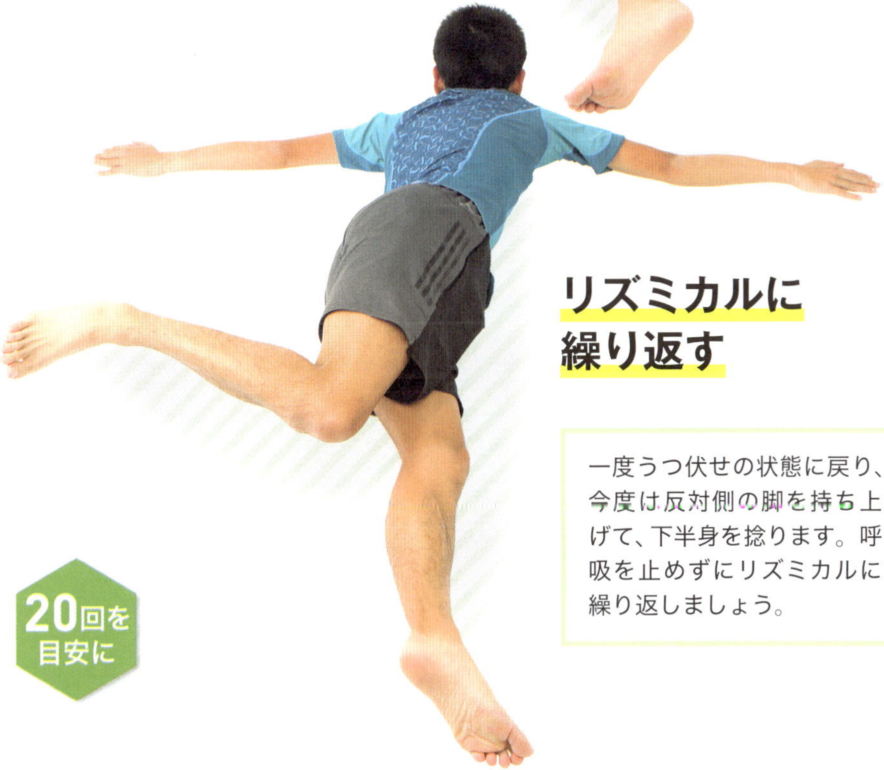

リズミカルに繰り返す

一度うつ伏せの状態に戻り、今度は反対側の脚を持ち上げて、下半身を捻ります。呼吸を止めずにリズミカルに繰り返しましょう。

20回を目安に

「インナーユニットのトレーニング」

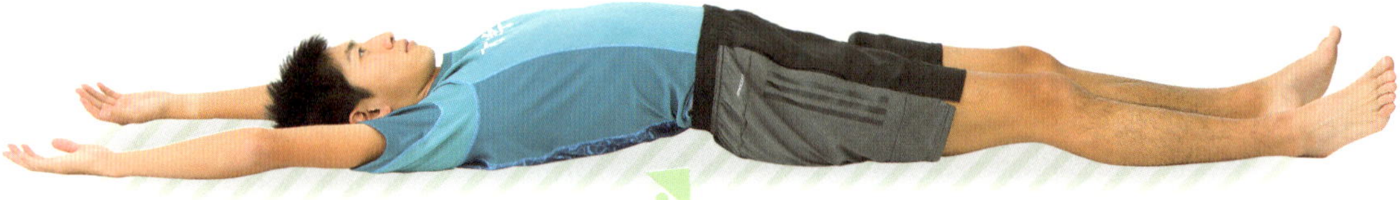

ナチュラルカーブとは

脊柱は本来S字に湾曲しています。腰椎は前に湾曲（前湾）していることにより、地面からの衝撃を吸収しています。この骨格上、本来あるべき湾曲をナチュラルカーブと言います。腰を完全に床につけてしまうと、後湾していることになり、本来のカーブではないままエクササイズをすることになります。

仰向けに寝て両手を上げます。鼻から息を吸ってお腹を膨らませながら、腰を意識的に大きく反らせます。口から息を吐きながら、4秒程度で腹横筋を使って腰がナチュラルカーブになるところまで押し下げます。腹直筋に力が入らないように意識しましょう。これを繰り返します。

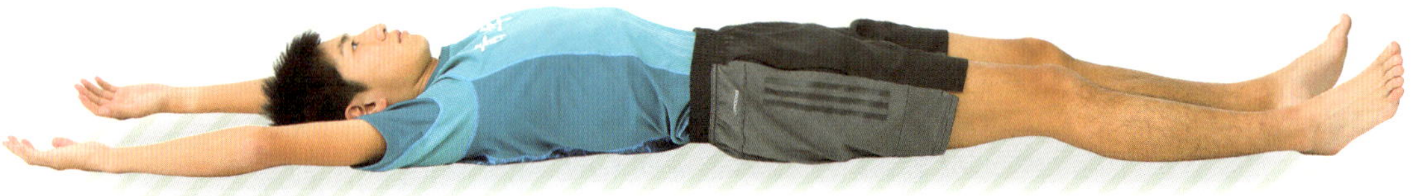

インナーユニットは腹部をコルセットのように包む、腹横筋、背中側にある多裂筋、横隔膜、骨盤底筋群で構成されています。体幹トレーニング、コアトレーニングと呼ばれるもののなかでも、長距離ランナーが重要視するべきはインナーユニットのトレーニングです。インナーユニットを安定させた状態で腕を振る、脚を運ぶという動作ができるようになることが、ランナーが目指すべきゴール。そしてインナーユニットの強化は、腰や背中の張り予防にもなります。ここではインナーユニットの使い方を習得するための動きを紹介していますが、詳しくは青トレ第１弾『青学駅伝チームのコアトレーニング＆ストレッチ』を見ていただければと思います。

両手両膝を床について四つん這いになります。鼻から息を吸ってお腹を膨らませながら、腰を意識的に大きく反らせます。口から息を吐きながら、４秒程度で腹横筋を使って腰がナチュラルカーブになるところまで押し下げます。ナチュラルカーブを作ったら、カーブをキープしたまま、1、2、3、4のリズムで片方の手と反対側の脚を上げて伸ばしていきます。1、2、3、4のリズムで脚を戻し、腕は肘が背中の後ろにくるまで引きます。今度は手足を反対にし、同じように伸ばしていきます。これを繰り返します。

脚の付け根の痛み

疑われる障害

腸腰筋膜炎

✕ 主な痛みの原因

- 高強度のトレーニング時にフォームが後傾している
- 上り坂をハイペースで走る
- 股関節周辺のウォーミングアップ不足
- 大腿四頭筋の筋力不足
- ハムストリングスの柔軟性不足

○ 予防策

- **腸腰筋（大・小腰筋、腸骨筋）の動的ストレッチ**
- **大腿四頭筋のトレーニング**
- **ハムストリングスのストレッチ**

腸腰筋とは、腰椎と大腿骨を結ぶ筋肉群の総称。主に股関節を屈曲させる働きをし、地面を蹴るときにとても重要な筋肉です。

地面を蹴り足が後ろに流れると腸腰筋が引き伸ばされ、腸腰筋腱に負荷がかかります。このとき筋線維に微細な部分分裂などが起きるのが腸腰筋膜炎。着地をする際や、地面を蹴った足を引き戻すときに、股関節の内側に痛みが出るのが症状です。走る量が多いスポーツでよく見られる障害で、ランナーにも比較的多いもの。とくにフォームが後傾気味、蹴り足が大きく流れやすいというランナーは注意が必要です。

腸腰筋の動的ストレッチを入念に行う、大腿四頭筋のトレーニングをすることで、予防ができます。再発率が高いので、痛みが引くまでは無理をしないようにしましょう。

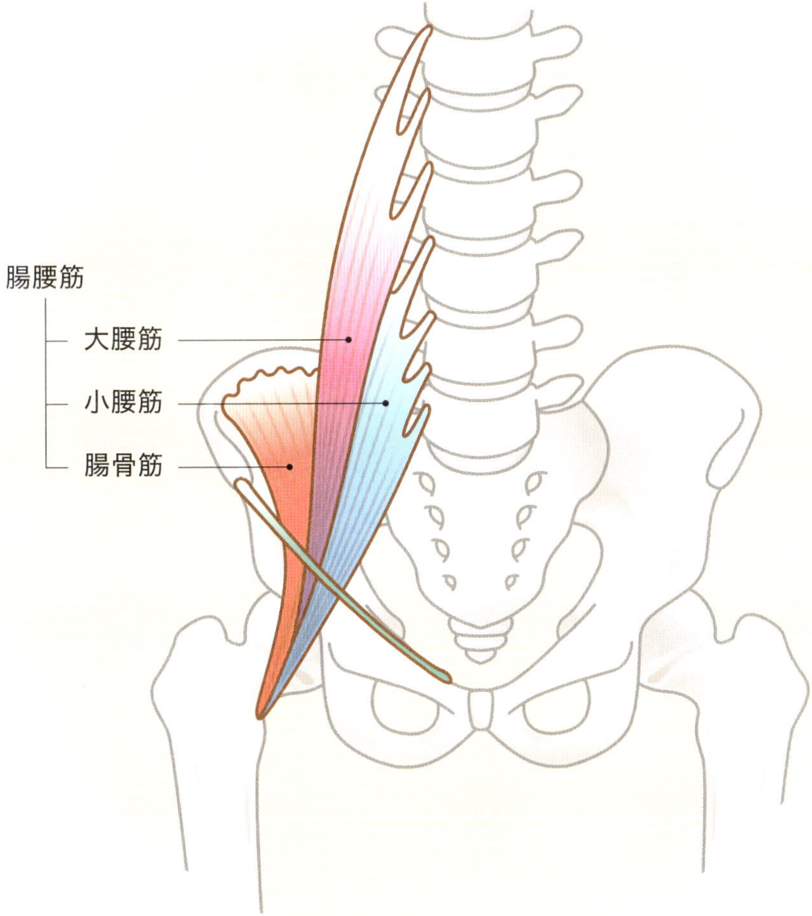

腰椎と大腿骨を結ぶ腸腰筋は、地面を蹴るときに使われる筋肉で、ランナーにとって重要な筋肉の１つです。強度の高いトレーニングをするときは、ウォーミングアップ時にとくに入念に動的ストレッチを行いましょう。

「腸《ちょう》腰《よう》筋《きん》の動的ストレッチ」

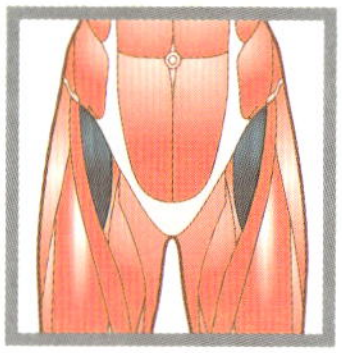

前面

STEP 1

ニーアップ

視線は前方に

脚を肩幅に広げて立ちます。片脚を1歩分後ろに下げながら、同じ側の腕を前に出します。

20回×2セット

リズミカルに繰り返す

後ろに下げた脚のつま先で床を蹴り、膝を引き上げます。これをリズミカルに繰り返します。もう一方の脚も同様に行いましょう。

STEP2へ

NG

膝をしっかりと持ち上げないと、股関節が十分に動きません。太ももが床と平行になるくらいまで膝を持ち上げましょう。

STEP 2

ニーサークル

片脚を１歩分後ろに

脚を腰幅に開いて立ちます。片方の脚を１歩分後ろに下げます。視線は前方に、背筋は伸ばしておきましょう。

足をしっかりと後方につきましょう。着地の位置が前すぎると腸腰筋がしっかりと伸ばせません。

20回
×
2セット

STEP3へ

体が左右にブレないように

横方向に脚を上げる

膝が前を向く位置まで脚を回したら、最初の位置まで戻します。小さなハードルを超えるようなイメージで脚を動かしてください。もう一方の脚も同様に行いましょう。

後ろに下げた脚の膝を外側に向け、横方向に脚を持ち上げます。太ももが床と平行になるくらいの高さまで持ち上げます。

STEP 3

サイドリフト

腰は少し反らす

大股１歩分、脚を横に広げます。両膝を曲げて、つま先を外側に向けましょう。このとき、腰は少し反らします。

背中が丸くなって前傾したり、着地時にかかとが床についたりするのはNGです。腰は少し反らし、上体を起こして行ってください。

20回
×
2セット

リズミカルに繰り返す

片方の脚を上げ、もう一方の脚の膝を伸ばし、重心を床についた脚のつま先に移動します。十分に重心が移動したところで、上げた脚を下ろし、元の姿勢に戻ります。着地はかかとを床につけずに行います。これをリズミカルに繰り返します。もう一方の脚も同様に行いましょう。

「大《だい》腿《たい》四《し》頭《とう》筋《きん》のトレーニング」

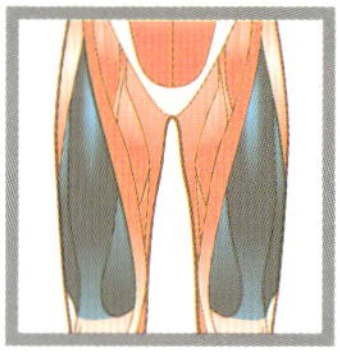

前面

体重は前脚のつま先側にのせる

両脚を腰幅に開いて立ち、片脚を後ろに大股1歩分下げます。前脚のつま先側に体重をのせ、腰を落として前傾姿勢に。

前脚のかかと側に体重をのせると、大腿四頭筋ではなく、ハムストリングスや臀筋に負荷がかかってしまいます。

４秒かけて伸ばし
４秒かけて戻す

20回×2セット

前脚に体重をのせたまま、４秒かけて膝を伸ばしながら腰を上げます。後ろの脚と背中がなるべく一直線になるように意識しましょう。４秒かけて膝を曲げて元の位置に戻ります。もう一方の脚も同様に行いましょう。

PROFILE

田村和希
Kazuki Tamura

Q1 ▷ 青トレ4年目で自分の走りはどう変わった？

昨年までと比較して、力強く前へ進む走りに変わった。

Q2 ▷ ピーキングで結果はどう変わったか？

各種大会で120%の力が出せるようになった。

Q3 ▷ ランケアで体はどう変わったか？

良い状態を保てるようになった。

Q4 ▷ 自分の走りの“ここ”を見てほしい！

力強い走り。

Q5 ▷ 2017-18シーズンのチームはどんなチームか？

勝利に飢えたチーム。

Q6 ▷ 今季のキーマンとその理由は？

神林勇太。同じ部屋人ということで期待しています。

Q7 ▷ このチームでの自分の役割をどう考える？

チームを走りで鼓舞する。

Q8 ▷ 好きな言葉とその理由

コツコツが勝つコツ。

Q9 ▷ 自分にとって最高のランとは？

自分の力を100%出すこと。

Q10 ▷ ランナーとしての将来の目標は？

2024年、パリ五輪でのマラソン。

たむら・かずき（4年）

1995年7月16日、山口県岩国市生まれ。西京高校。身長168㎝・体重52kg・シューズのサイズ26.0㎝・血液型O型

青トレ AO TORE

CHAPTER 4

CARE OF LOWER LIMB

下肢のケア

お尻から太ももの裏にかけての痛み

疑われる障害

梨状筋《りじょうきん》症候群

✕ 主な痛みの原因

- ☑ 梨状筋のオーバーユース
- ☑ 大臀筋の柔軟性不足
- ☑ 仙腸関節の機能障害
- ☑ 硬い路面を走っている、走行距離が多い

○ 予防策

- **梨状筋のストレッチ**
- **大臀筋のストレッチ**

お尻から太ももの裏にかけて鈍い痛みやしびれを感じる。お尻の深層部に違和感がある。そんなときは梨状筋症候群の可能性が考えられます。

お尻の大部分は大臀筋に覆われていますが、その深層には外旋筋と呼ばれる筋肉群があります。その名のとおり股関節を外側に回す役割をもつ筋肉群で、梨状筋はそのうちの1つ。歩く、走るという動作をしているときはつねに使われている筋肉ですが、深層にあるため、意識しづらい部分でもあります。この梨状筋の間には、骨盤から脚に向かって坐骨神経が通っています。梨状筋が硬くなると坐骨神経を圧迫し、痛みや違和感が生じるのですが、これを梨状筋症候群と言います。予防には、オーバーユースに気をつけることとともに、梨状筋とそれを覆う大臀筋のストレッチを行うことが大切です。

梨状筋症候群

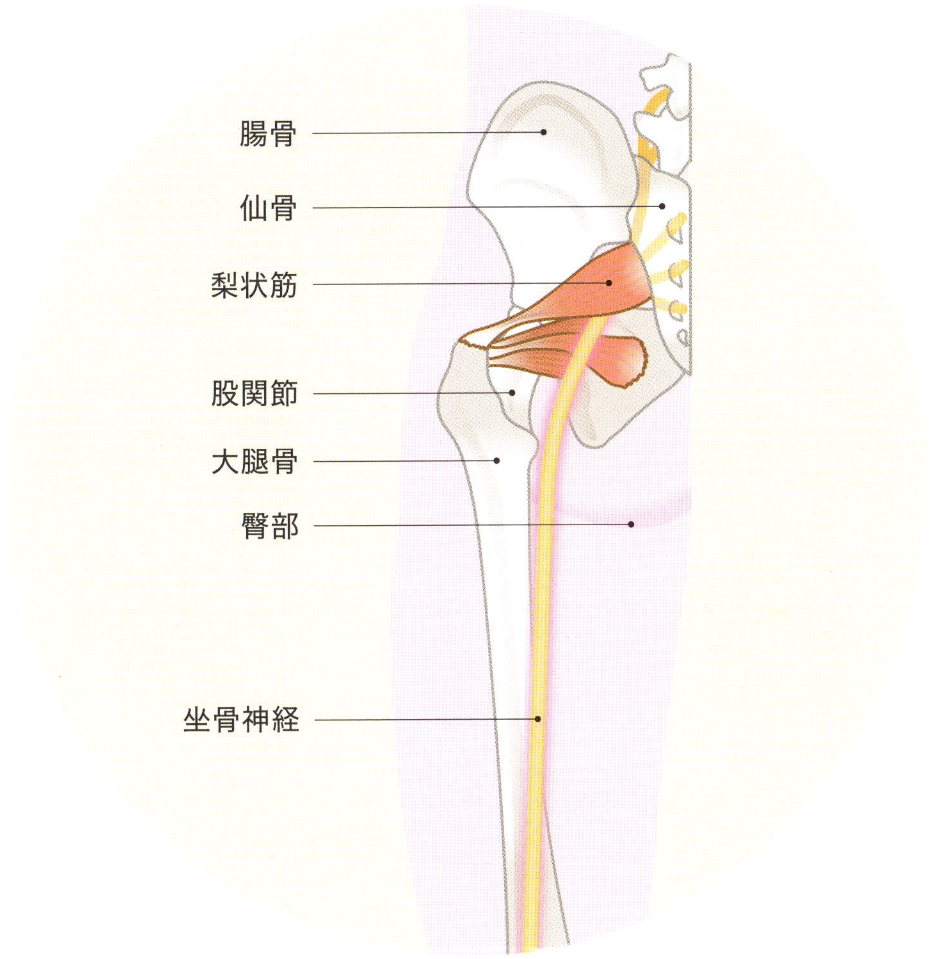

臀部の深層にある梨状筋は、仙骨と大腿骨大転子を繋ぐ筋肉。硬くなると、間を通っている坐骨神経を圧迫し、痛みや違和感が生じます。梨状筋症候群の予防には、梨状筋を含む臀部の柔軟性をキープする必要があります。

「梨《り》状《じょう》筋《きん》・大《だい》臀《でん》筋《きん》のストレッチ」

STEP 1

梨状筋のセルフモビライゼーション

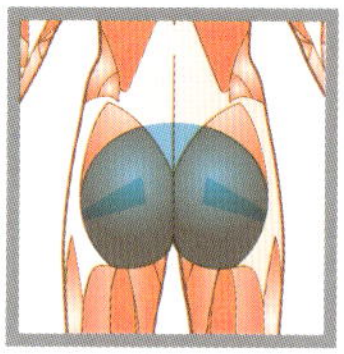

後面

上体と腹部は脱力して行いましょう

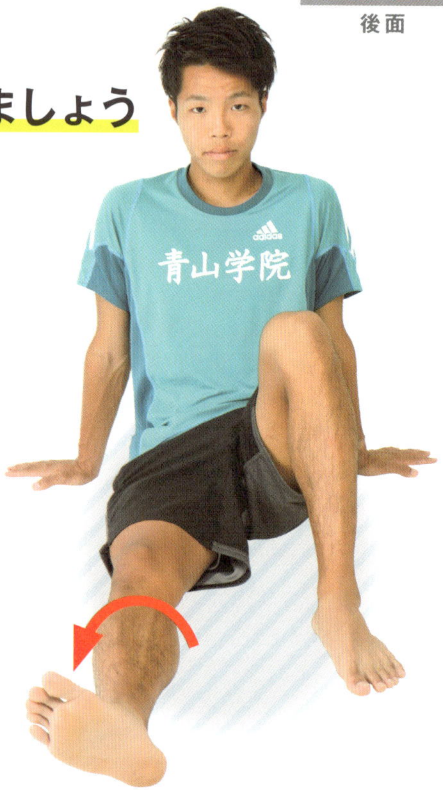

20回を目安に

両脚を伸ばして座った姿勢から、片方の膝を立てます。両手は体の後ろで床につき、バランスをとります。床に座ってテレビを観るような脱力をイメージしてください。上体と腹部の力を完全に抜いた状態で行うのがポイントです。伸ばした側の脚のかかとを中心にして、つま先を内側と外側にリズミカルに動かします。もう一方の脚も同様に行いましょう。

STEP 2

梨状筋のストレッチ

背筋を伸ばして
膝を胸に引き寄せる

30秒キープ

STEP3へ

あぐらをかいた姿勢からスタート。片膝を立てて、もう一方の太ももをまたぎ外側に足をつけます。立てた膝を両手で抱え胸に引き寄せながら、膝を立てた脚の方向に体を捻ります。もう一方の脚も同様に行いましょう。

NG

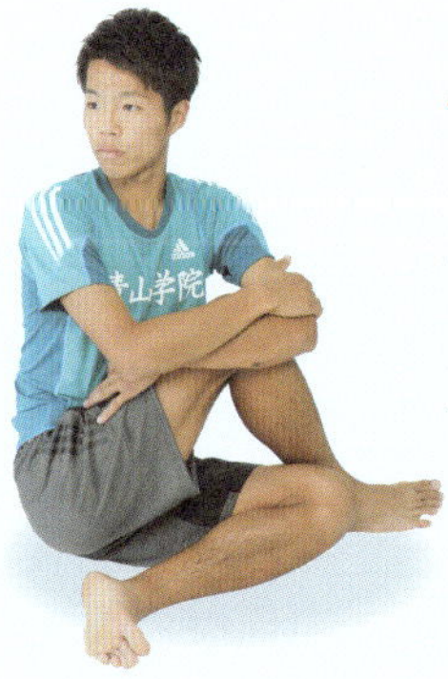

お尻が床から離れてしまうのはNG。膝を引き寄せる際などになりがちなので注意しましょう。

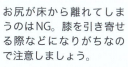

STEP 3

大臀筋のストレッチ

30秒キープ

腰を床に沈めるように

膝立ちの姿勢からスタート。片脚を前に出しながら、両手を床につきます。踏み出した脚の膝から下を反対側の手のほうに流します。後ろの脚はできるだけ後方に伸ばしましょう。息を吐きながら上体を軽く前に傾け、踏み出した脚と同じ側のお尻に伸びを感じたところでキープ。もう一方の脚も同様に行いましょう。

NG

膝の角度が鋭角すぎると大臀筋が伸びません。無理のない範囲で90度程度を目安に膝を曲げましょう。

STEP 4

梨状筋のセルフモビライゼーション

もう一度セルフモビライゼーションで緩める

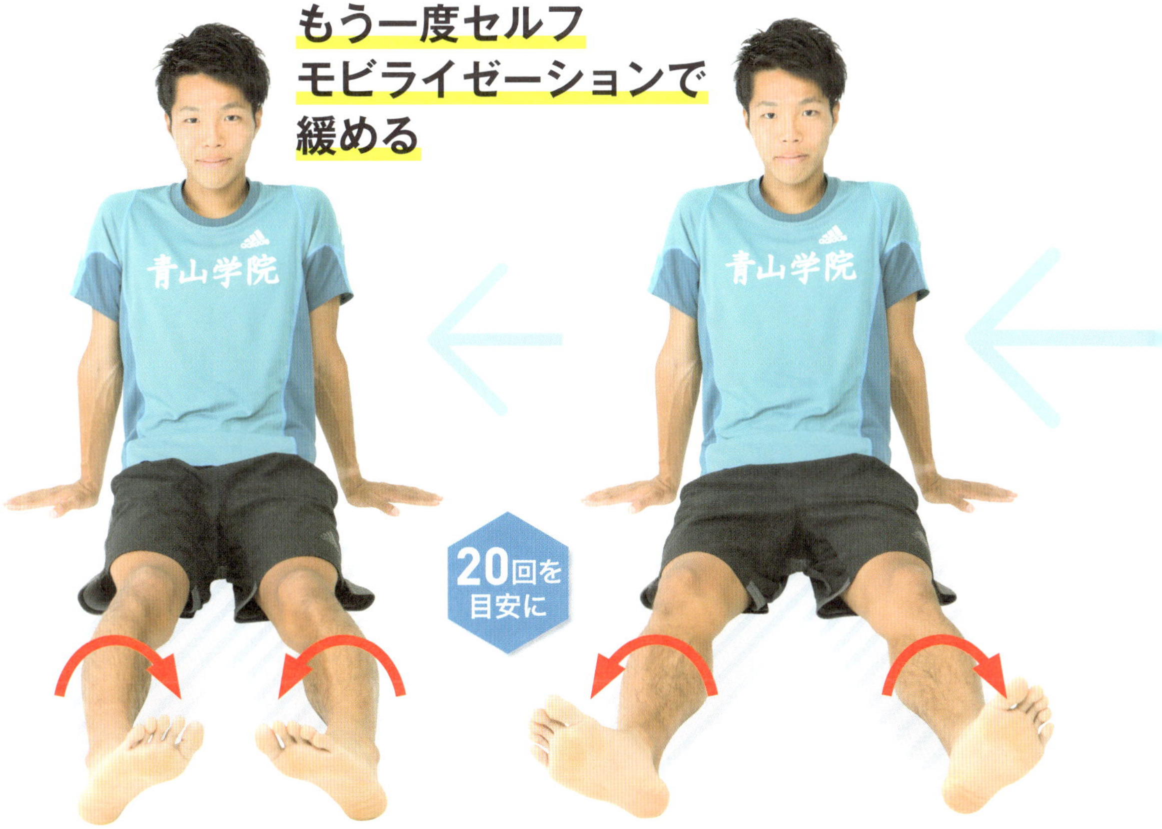

両脚を伸ばして座ります。両手は体の後ろで床につき、バランスをとりましょう。脚は骨盤の幅より少し広めに開きます。床に座ってテレビを観るような脱力をイメージしてください。上体と腹部の力を完全に抜いた状態で行うのがポイントです。かかとを中心にして、つま先を外側と内側にリズミカルに動かします。

太もも裏の痛み

疑われる障害

ハムストリングス損傷（肉離れ）

✕ 主な痛みの原因

- ハムストリングスの筋力不足、柔軟性不足
- 太ももの前後の筋力と柔軟性のバランスが悪い
- 大腿四頭筋とハムストリングスの切り替えがうまくいかない
- ハムストリングスのオーバーユース

○ 予防策

- ハムストリングスのストレッチ

股関節を伸展させる動きをしているハムストリングスに大きな負荷がかかり、筋線維が部分的に切れてしまうのが、ハムストリングスの損傷、いわゆる肉離れです。

ハムストリングスは太ももの後ろ側にある筋肉で、大腿二頭筋、半腱様筋、半膜様筋の総称。

ランニング中でいえば、接地時に地面を後ろに蹴り推進力を得るための重要な筋肉になります。

太ももの前側にある大腿四頭筋とハムストリングスが交互に力を出すことによって脚を前に運んでいます。

ですが、疲労などが原因で、この切り替えがうまくいかないと、ハムストリングスに大きな負荷がかかり、肉離れが起きてしまいます。日頃からしっかりとケアをしておきましょう。

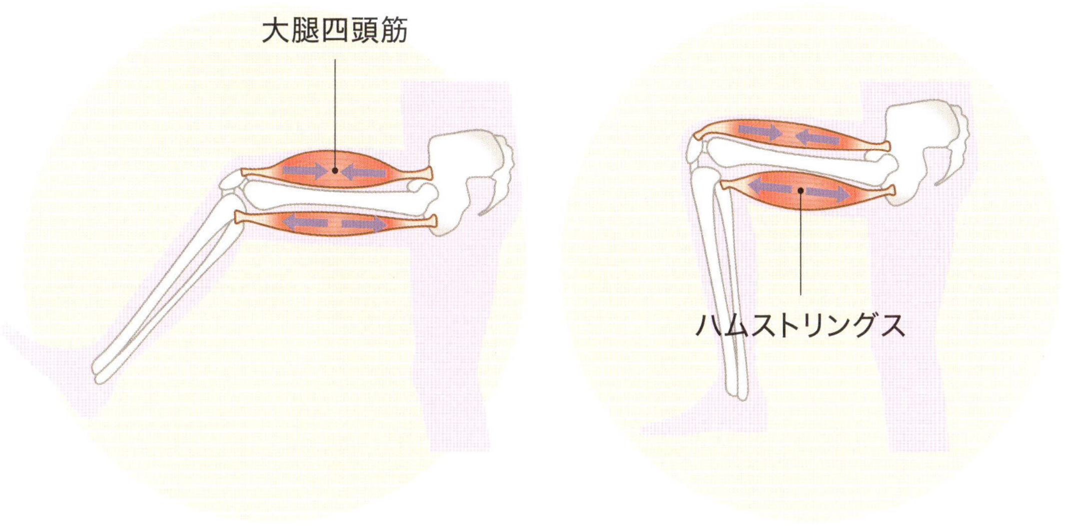

ランニング中は、大腿四頭筋とハムストリングスが交互に力を出しています。大腿四頭筋とハムストリングスの筋力のバランスが悪かったり、ハムストリングスの柔軟性が不足したりしていると、肉離れを起こしやすくなります。肉離れは筋肉の線維が切れている状態なので、ストレッチをすると悪化する可能性があります。ハムストリングスのストレッチはあくまでも予防のためのものなので、注意してください。

「ハムストリングスのストレッチ」

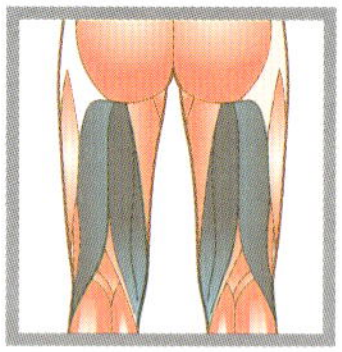

後面

STEP 1 セルフマッサージ

ストレッチポールの上に太もものの裏をのせて座ります。両手両足は床についてバランスをとりましょう。膝の曲げ伸ばしを使いながら、坐骨のあたりから膝の裏にかけて広範囲に渡ってポールを転がし、マッサージを行います。

20回を目安に

バリエーション

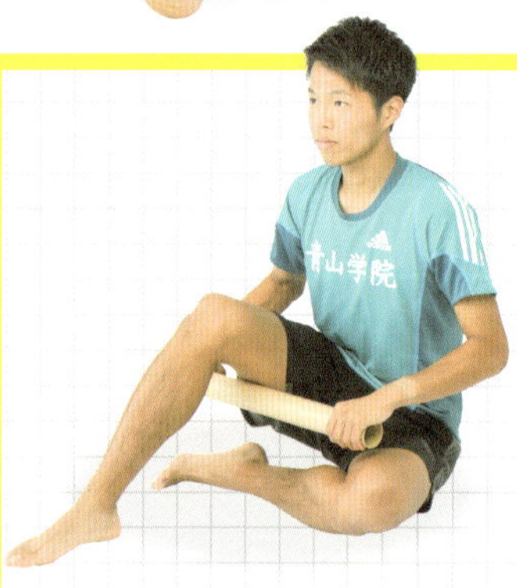

ストレッチポールがない場合は、食品用ラップフィルムの芯でも代用が可能です。坐骨のあたりから膝の裏にかけて、広範囲をマッサージしましょう。

STEP 2

ストレッチ

膝は無理に伸ばさず軽く曲げておく

30秒キープ

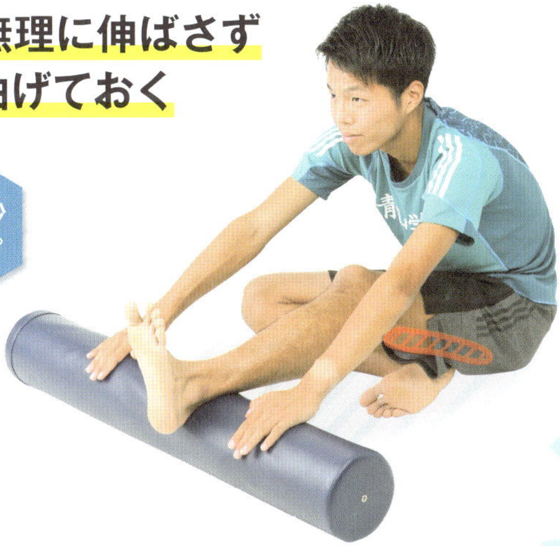

あぐらをかいた姿勢からスタート。片方の脚を伸ばして、足首の後ろをストレッチポールにのせます。息を吐きながら上体を前に倒します。つま先は上方に向けたままキープ。足裏を両手で持ってもOKです。もう一方の脚も同様に行いましょう。

つま先を内側に

30秒キープ

次は、つま先を内側に向けてキープします。ハムストリングスの内側が伸びます。伸ばしている脚と反対側の手で足裏を持ってもOK。もう一方の脚も同様に行いましょう。

つま先を外側に

30秒キープ

同様の姿勢から、つま先を外側に向けてキープします。ハムストリングスの外側が伸びます。伸ばしている脚と同じ側の手で足裏を持ってもOK。もう一方の脚も同様に行いましょう。

「ハムストリングスの肉離れを起こしたときのアイシング」

ビニール袋の中の空気は
可能な限り抜いておく

ビニール袋や氷嚢に氷を入れます。患部に密着させるために、袋の中の空気をできるだけ抜きます。足の付け根から膝の裏までをしっかりと覆いましょう。

ハムストリングスが肉離れになると、力がうまく入らなくなり、力を入れようとすると痛みます。太ももの裏に痛みや違和感を感じたら、1秒でも早く患部をアイシングしてください。

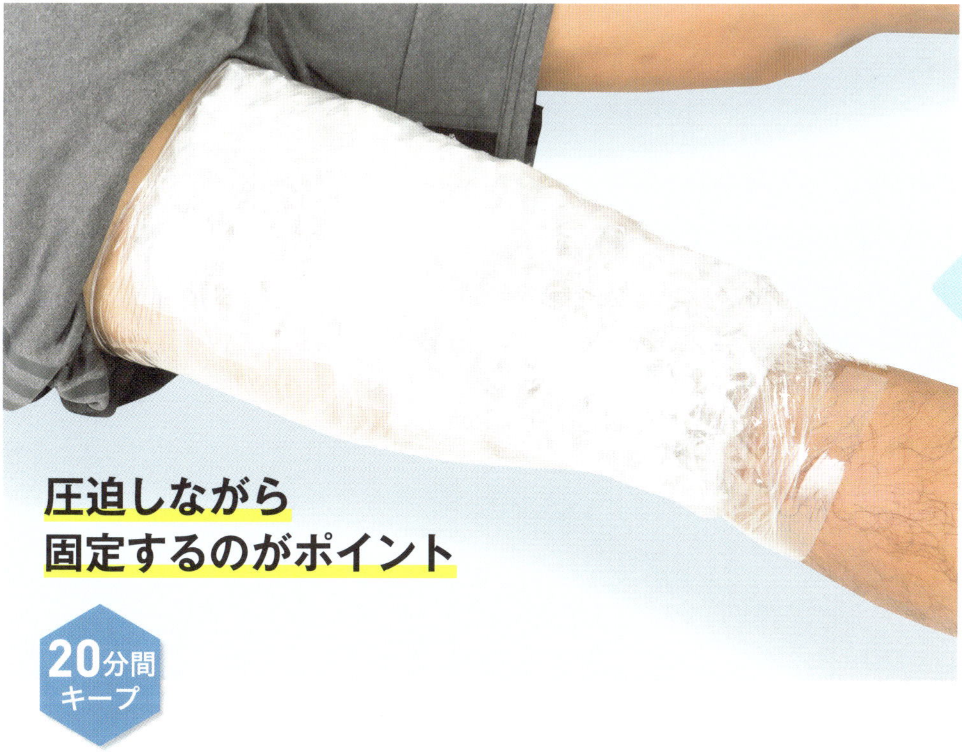

圧迫しながら固定するのがポイント

20分間キープ

患部に氷の入ったビニール袋（または氷嚢）をあて、専用のアイスラップなどを使って圧迫しながら固定します。冷気が逃げないように、ビニール袋の大きさよりも広めにアイスラップを巻きます。20分間はそのままにして安静にしましょう。

起床時の足裏の痛み

疑われる障害

足底筋膜炎

✕ 主な痛みの原因

- ☑ 土踏まずのアーチが高く、柔軟性が不足している
- ☑ 足底部・下腿三頭筋の柔軟性不足
- ☑ 後脛骨筋の筋力不足
- ☑ 走行距離が多い、急激に走る距離を延ばした

○ 予防策

- **足底筋のストレッチ**
- **腓腹筋、ヒラメ筋のストレッチ**

朝起きて床に足をついた瞬間に足裏に痛みを感じたら、真っ先に疑われるのが足底筋膜炎。人間の足は、前後方向と横方向にもアーチのある構造になっていて、着地時の衝撃を緩和、吸収しています。このアーチを支えているのが、足底筋膜と呼ばれる膜状の腱組織で、かかとから足指の付け根まで広がっています。足底筋膜の張力によって、次の着地に備えたアーチが作られるのですが、ランニングによる着地衝撃が繰り返されると、疲労や過負荷により炎症を引き起こすことがあります。これが足底筋膜炎です。

足底筋膜が硬く突っ張った状態が続くと、踵骨《しょうこつ》との付着部に骨棘《こつきょく》（骨のトゲ）ができることがあります。予防のために、足底部の柔軟性をキープしましょう。腓腹筋、ヒラメ筋のストレッチも同時に行うと効果的です。

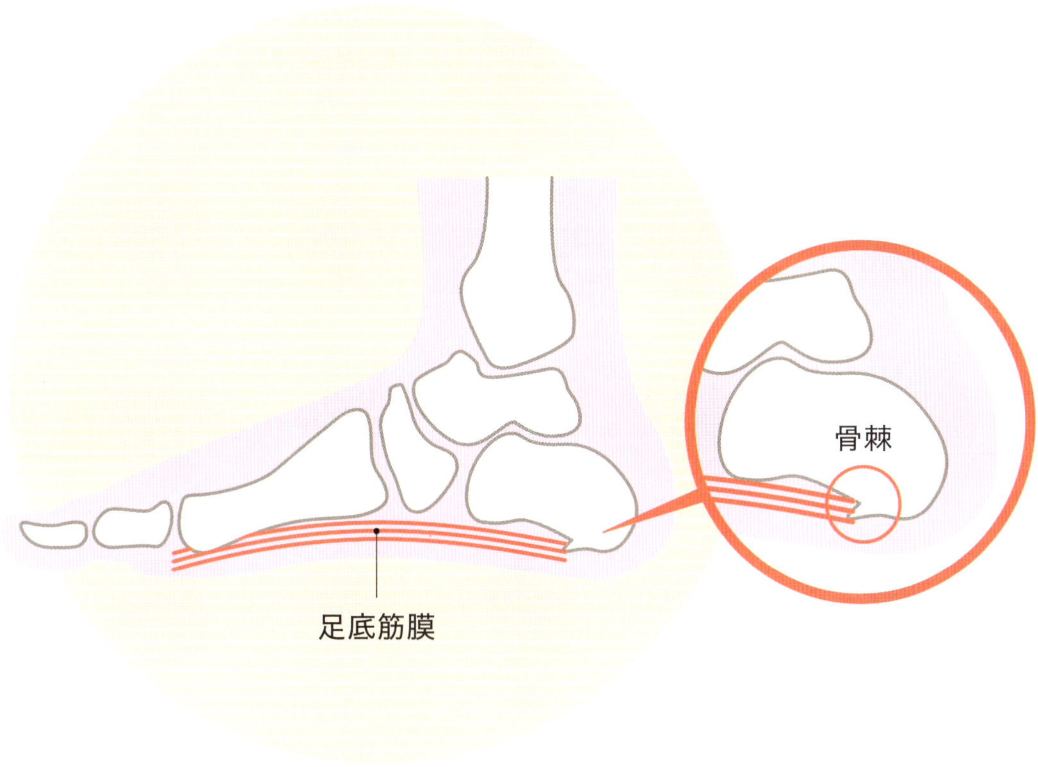

ランナーに多発する足底筋膜炎は、アーチが低い扁平足《へんぺいそく》の人にも、アーチが高いハイアーチの人にも起きやすい障害です。扁平足の場合は着地衝撃がダイレクトに足底筋膜にかかり、ハイアーチの場合は、着地のたびに足底筋膜が瞬間的に引き伸ばされ、炎症が起きやすくなります。足底筋膜が柔軟性を失うと、足底筋膜と踵骨の付着部に骨棘ができることがあります。この棘がさらなる炎症の原因となる場合も。足底筋膜の柔軟性を高めることは、足底筋膜炎と骨棘ができることの予防になります。

「足《そく》底《てい》のストレッチ」

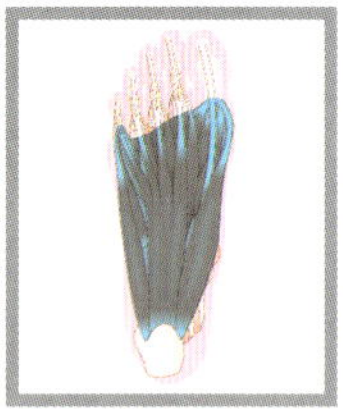

30秒キープ

足の指に体重がかかるように

正座をした状態から、両足を立て指を床につけます。かかとを真上に向けて、かかとの上にお尻をのせます。体重をかけてキープしましょう。

横から見ると

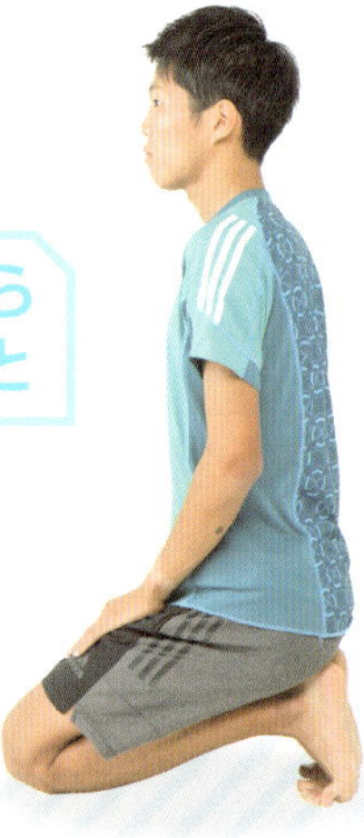

両手は太ももにのせてバランスをとります。背筋を伸ばし、かかとの上にお尻をのせます。

バリエーション

片方のつま先を立て、体重をかけて足裏を伸ばします。もう一方も同様に行いましょう。バランスがとりづらい場合は、片手を壁につけましょう。

30秒キープ

両足のかかとを外側に

最初の姿勢から、両足のかかとを外側に向けて、体重をかけてキープします。

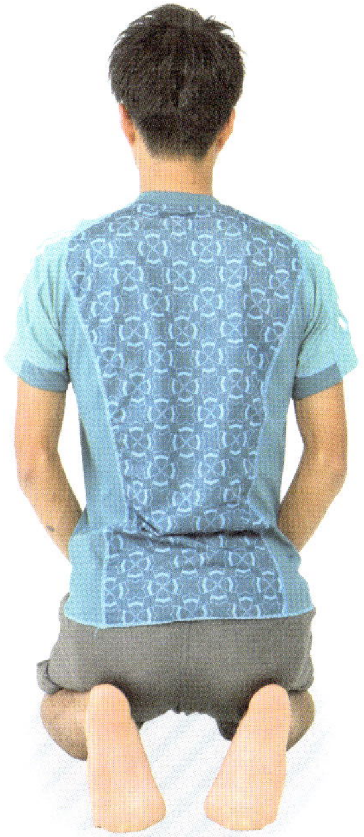

30秒キープ

両足のかかとを内側に

最初の姿勢から、両足のかかとを内側に向けて、体重をかけてキープします。

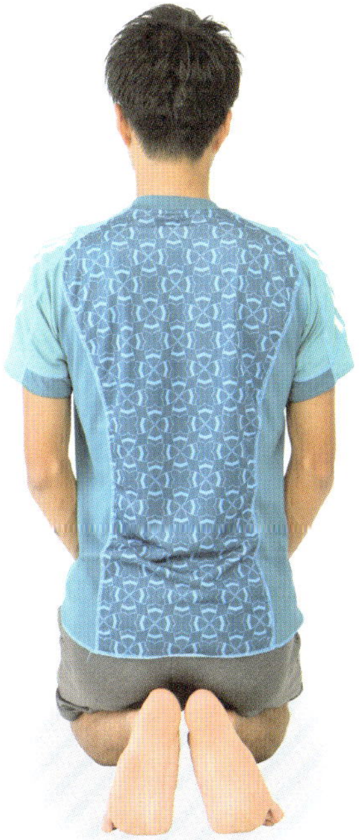

「足《そく》底《てい》筋《きん》膜《まく》炎《えん》のアイシング」

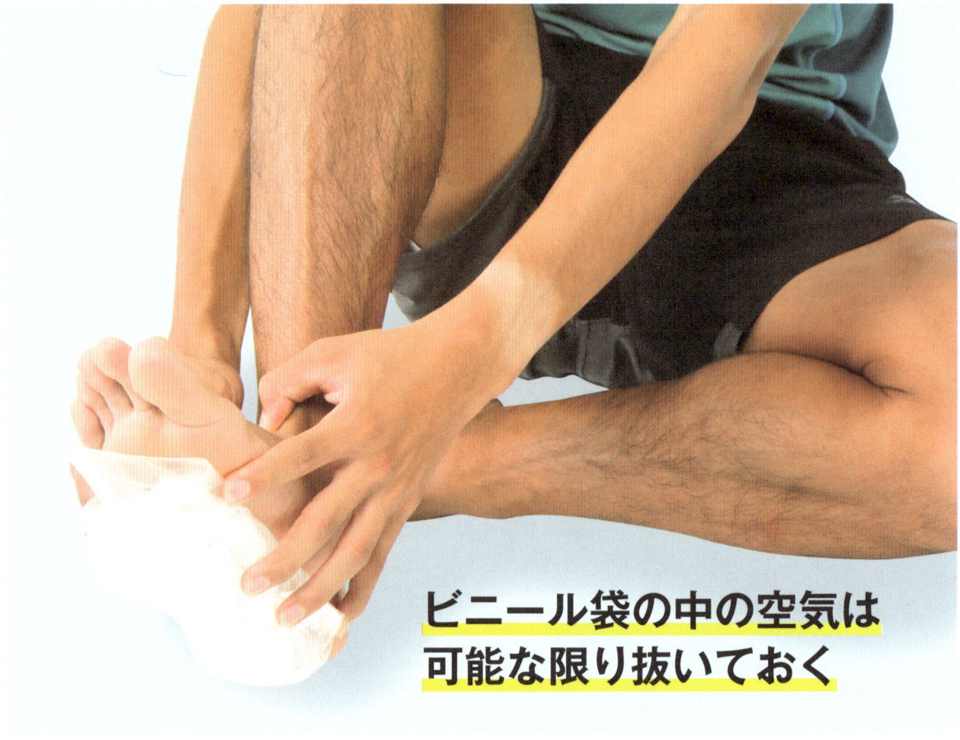
ビニール袋の中の空気は
可能な限り抜いておく

ビニール袋や氷嚢に氷を入れます。患部に密着させるために、袋の中の空気をできるだけ抜きます。足裏全体をカバーするようにしましょう。

朝起きて床に足をついた瞬間に、足裏に痛みが走るのが足底筋膜炎のサインです。ランナーに多発する障害で、オーバーワークが主な原因。痛みが出たらしっかりとアイシングを行いましょう。

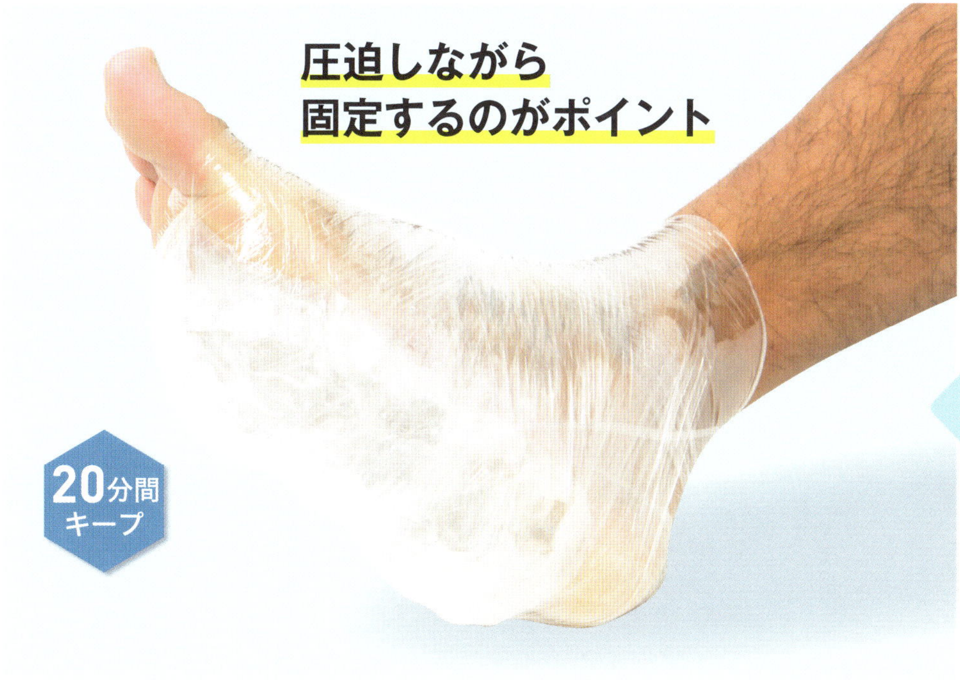
圧迫しながら
固定するのがポイント
20分間
キープ

患部に氷の入ったビニール袋（または氷嚢）をあて、専用のアイスラップなどを使って圧迫しながら固定します。冷気が逃げないように、ビニール袋の大きさよりも広めにアイスラップを巻きます。完成したら、患部が心臓よりも高い位置にくるようにして安静にしましょう。20分間はそのままにしてください。

かかとの痛み

疑われる障害

踵骨後部滑液包炎　踵骨下滑液包炎
アキレス腱周囲炎　アキレス腱皮下滑液包炎

✕ 主な痛みの原因

- ☑ 急に走り始めた、以前より体重が増加した
- ☑ 足裏のアーチが高く、柔軟性が低い
- ☑ 腓腹筋・ヒラメ筋の柔軟性不足
- ☑ 後脛骨筋の筋力不足
- ☑ 足首を使う動作が多い走り方をしている

○ 予防策

- **腓腹筋のストレッチ**
- **ヒラメ筋のストレッチ**

ランニング時、歩行時にかかとに痛みが出ることがあります。このとき疑われるのは、踵骨後部滑液包炎、踵骨下滑液包炎、アキレス腱周囲炎、アキレス腱皮下滑液包炎です。

アキレス腱と踵骨の間には、クッションの役割をする滑液包があります。足首の曲げ伸ばしが頻繁に行われると、ここに炎症が発生し、痛みが生じます。かかとの後部が痛む場合は踵骨後部滑液包炎やアキレス腱皮下滑液包炎、足裏のかかとよりが痛む場合は踵骨下滑液包炎であると考えられます。

足首の後ろにあり、下腿三頭筋とかかとを繋いでいるアキレス腱。足首から先を動かす役割を担っているアキレス腱の周辺が痛み、全体が腫れている場合は、アキレス腱周囲炎が疑われます。放置すると慢性化するので注意が必要です。

踵（かかと）の図

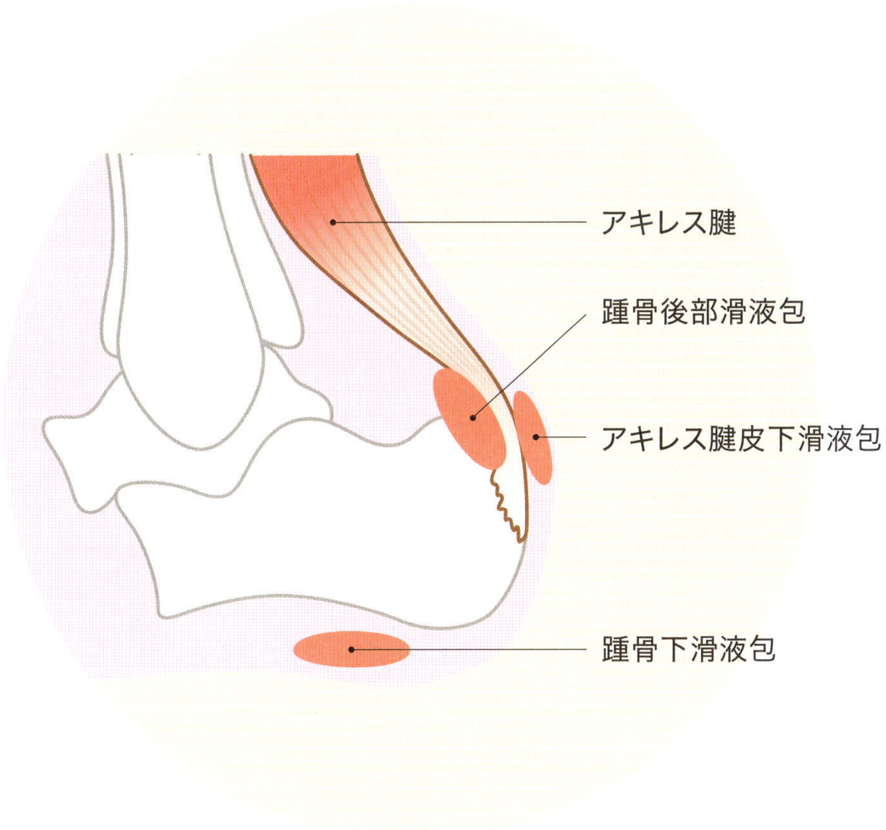

オーバーユースはもちろん、普段運動をしていない人が急に走った場合や過体重の場合、ランニング時や歩行時にかかとに痛みが出ることがあります。一口にかかとと言っても、痛みを感じる部位によって、疑われる障害は違います。腓腹筋、ヒラメ筋、足底筋群の柔軟性不足が原因になるので、しっかりとストレッチをしておきましょう。

「下《か》腿《たい》三《さん》頭《とう》筋《きん》のストレッチ」

STEP 1

腓腹筋のストレッチ

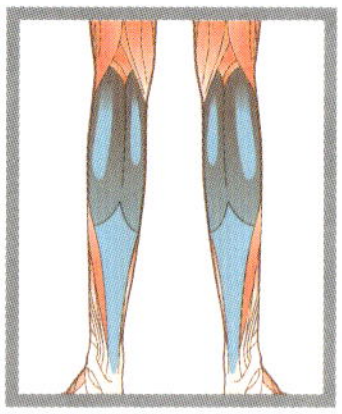

後面

腰は高い
位置でキープ
かかとを床から
離さない
30秒
キープ
30秒
キープ

両手両足を床についた姿勢から。片方の足を軽く浮かせます。もう一方の足は、しっかりとかかとを床につけ、つま先を内側に向けましょう。床に足をついている側の膝を伸ばしてキープします。もう一方の脚も同様に行いましょう。

内側に向けていたつま先を外側に向け、同じように30秒キープ。もう一方の脚も同様に行いましょう。

横から見ると

腰を上げて、床に足をついた側の膝を伸ばします。

STEP 2

ヒラメ筋のストレッチ

30秒キープ

足首を鋭角にして伸ばす

正座の姿勢からスタート。片方の膝を立て、足裏をしっかりと床につきます。息を吐きながら上体を前に倒して胸で膝を押し、足首の角度を鋭角にしていきます。両手は体の前についてバランスをとりましょう。もう一方の脚も同様に。

NG

かかとが床から離れてしまわないように注意しましょう。

バリエーション

足を腰幅に開いて立ちます。片脚を前に踏み出して、両膝を曲げます。少し腰を落として、後ろの足に体重をのせます。後ろ足のかかとが浮かないように注意しましょう。

「かかとに痛みがあるときのアイシング」

ビニール袋の中の空気は可能な限り抜いておく

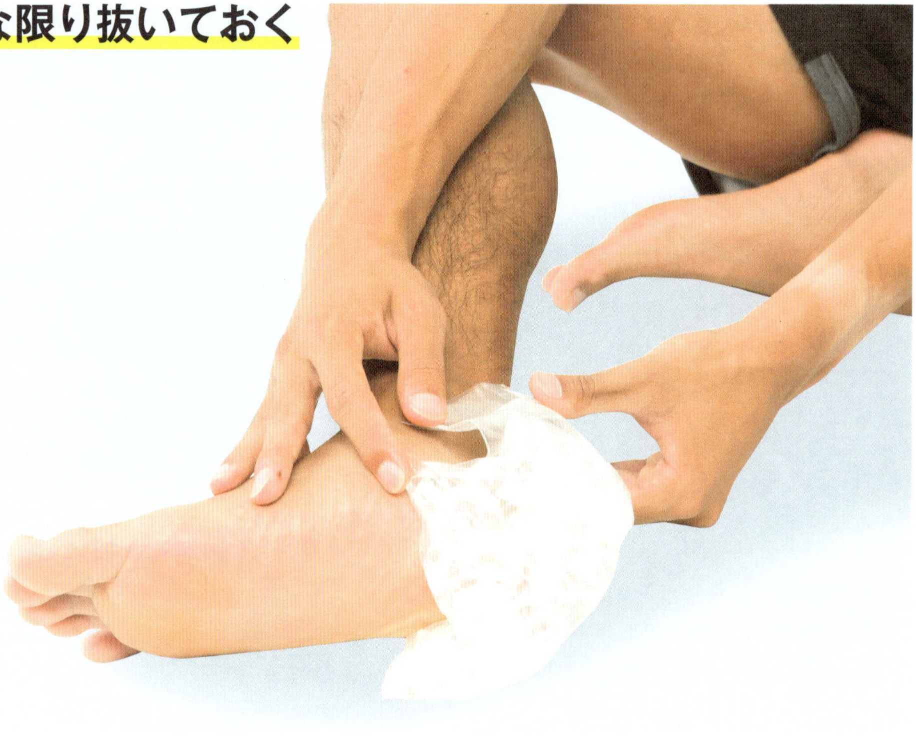

ビニール袋や氷嚢に氷を入れます。患部に密着させるために、袋の中の空気をできるだけ抜きます。足底だけ、足首だけではなく、かかと全体を覆うようにしてください。

かかとの後部が痛む場合は踵骨後部滑液包炎、足裏のかかと寄りが痛む場合は踵骨下滑液包炎が疑われます。ランニング後にかかとに痛みを感じたら、すぐにアイシングを行いましょう。

圧迫しながら固定するのがポイント

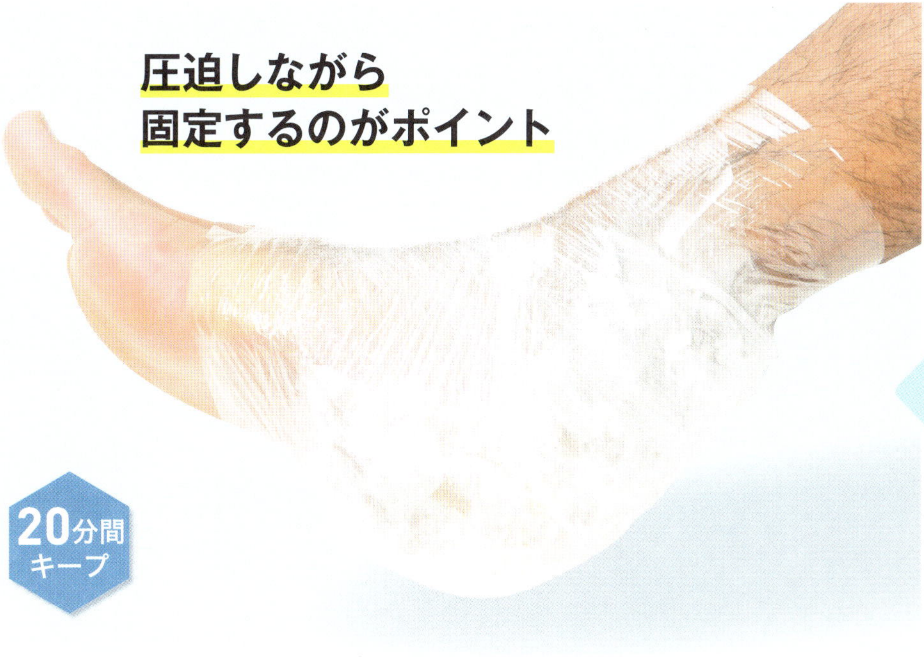

20分間キープ

患部に氷の入ったビニール袋（または氷嚢）をあて、専用のアイスラップなどを使って圧迫しながら固定します。冷気が逃げないように、ビニール袋の大きさよりも広めにアイスラップを巻きます。完成したら、患部が心臓よりも高い位置にくるようにして安静にしましょう。20分間はそのままにしてください。

足裏のしびれ

疑われる障害

ジョガーズフット（短腓骨筋付着部炎）

✕ 主な痛みの原因

- ☑ 扁平足（足裏のアーチがない）
- ☑ 足の内側に力がかかるような走り方をしている

○ 予防策

- 後脛骨筋のストレッチ
- 後脛骨筋のトレーニング

ジョガーズフット（短腓骨筋付着部炎）は、その名称から想像できるとおり、ランナーに多い障害の1つです。ランニングをした際に、足の裏側、内側にしびれや痛みを感じた場合、ジョガーズフットが疑われます。

くるぶしの内側を通る脛骨神経は、内側足底神経、外側足底神経、外側足底神経第1枝神経の3つに枝分かれします。この3つのうちの内側足底神経が、母趾《ぼし》外転筋によって圧迫されることで、しびれや痛みが起きるのがジョガーズフットです。

足裏のアーチがない扁平足の場合、体重をかけたときに足の内側にかかる体重を支えきれず、足が親指側に傾く傾向が強くなります。すると神経が筋肉の間で圧迫され、痛みが増し、走ることで症状は強くなります。

予防には後脛骨筋のストレッチとトレーニングが重要です。

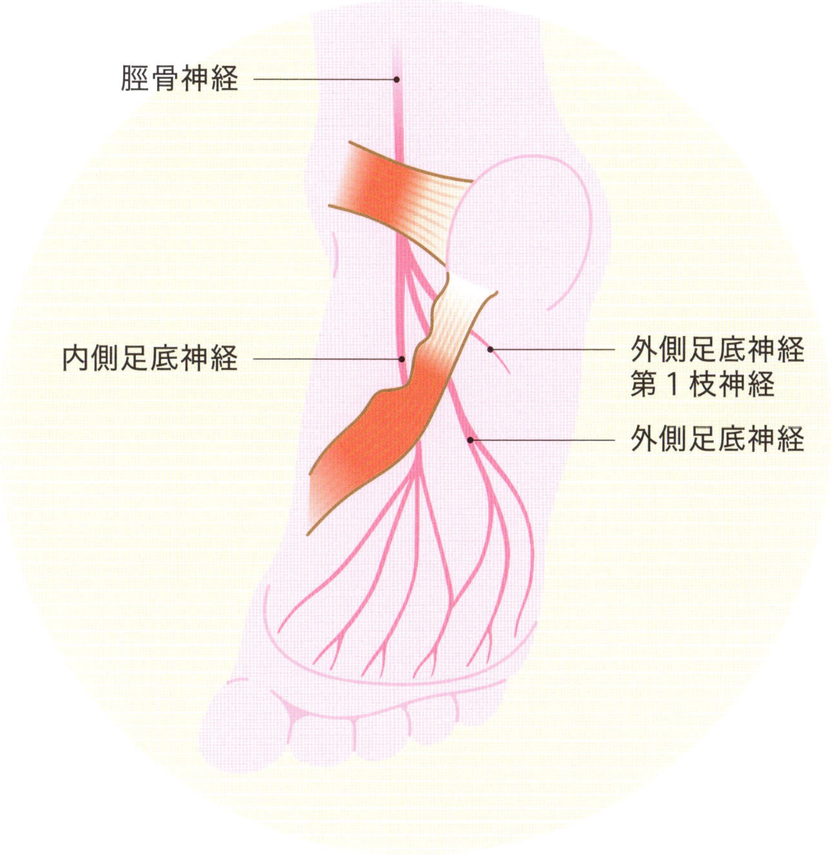

脛骨神経は、内側足底神経、外側足底神経、外側足底神経第1枝神経の3つに枝分かれします。このうちの内側足底神経を母趾外転筋が圧迫することで、しびれや痛みが生じる障害がジョガーズフット。予防には足の内側の縦アーチの保持が重要になります。後脛骨筋のストレッチとトレーニングを行っていきましょう。

「後《こう》脛《けい》骨《こつ》筋《きん》のストレッチ」

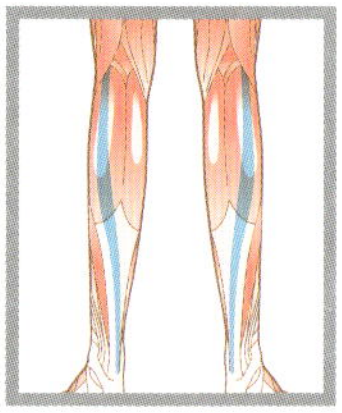

後面

足裏を両手で持つ

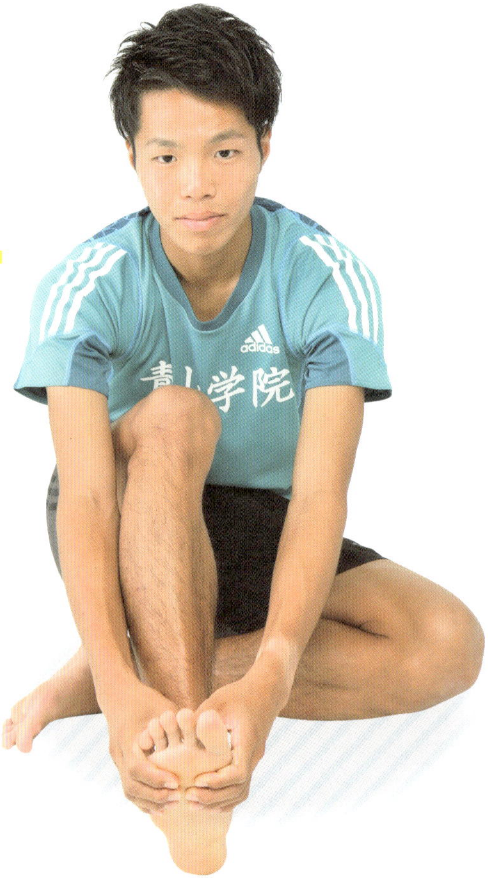

あぐらをかいた姿勢からスタート。片方の脚の膝を立て、両手で足裏を持ちます。

足の外側を持ち手前に引く

30秒キープ

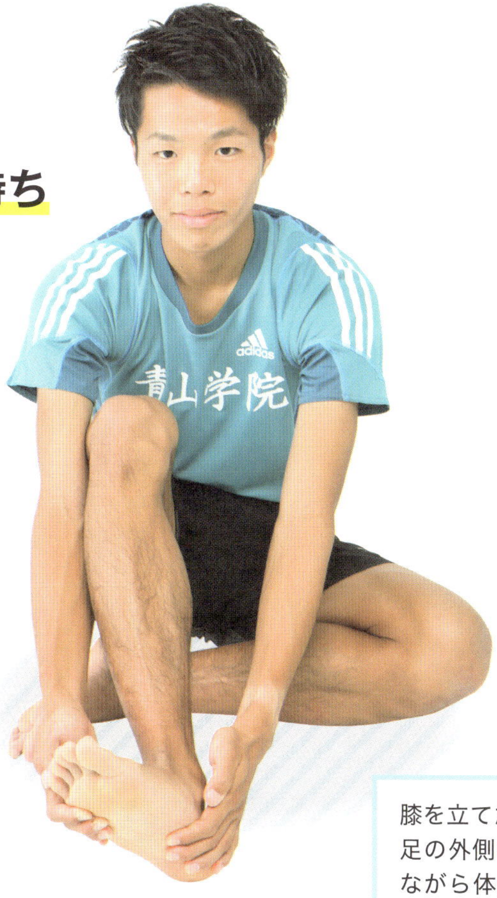

膝を立てた脚と同じ側の手で足の外側を持ち、外側に傾けながら体側に引き寄せます。反対側の手はかかとを押さえます。もう一方の脚も同様に行いましょう。

バリエーション

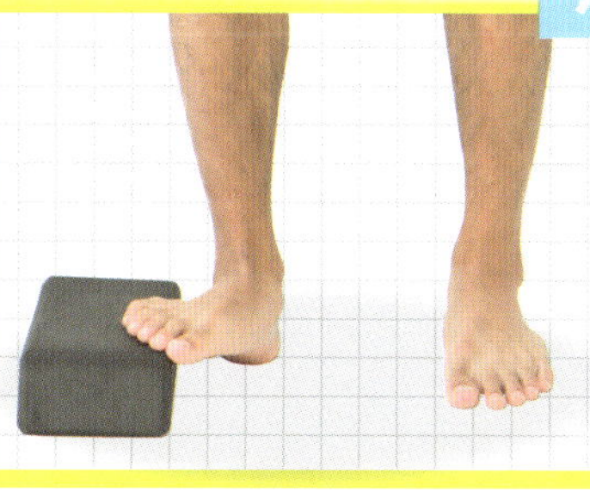

直立した姿勢で、片方の足の指を辞書や電話帳などにのせてキープします。かかとが床から離れないように注意しましょう。

「後《こう》脛《けい》骨《こつ》筋《きん》のトレーニング」

20回×3セット

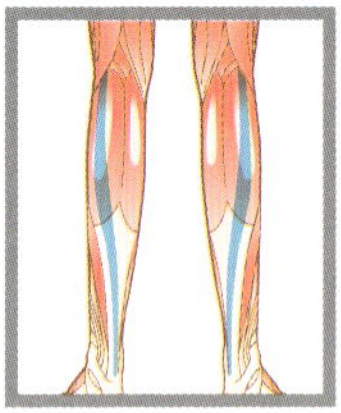

後面

かかとを床から離してつま先立ちになります。完全につま先に体重がのりきったら元に戻り、これを繰り返します。

両足のかかとを合わせて立ち、つま先は90度程度に外側に開きます。

20回×3セット

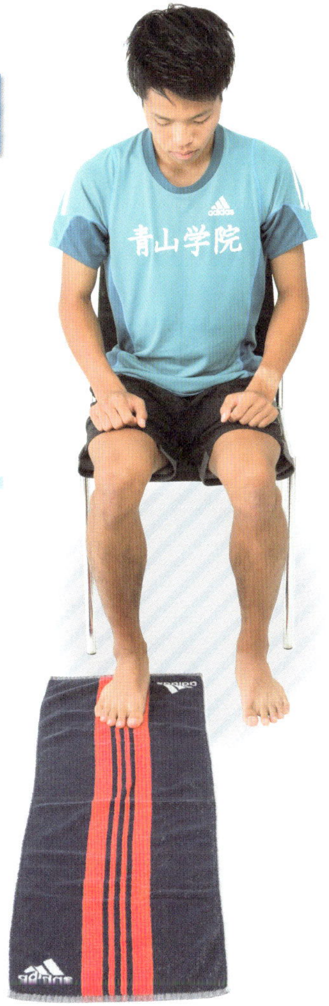

椅子などに座り、床に置いたタオルの上に片方の足をのせます。膝の角度は90度程度に。

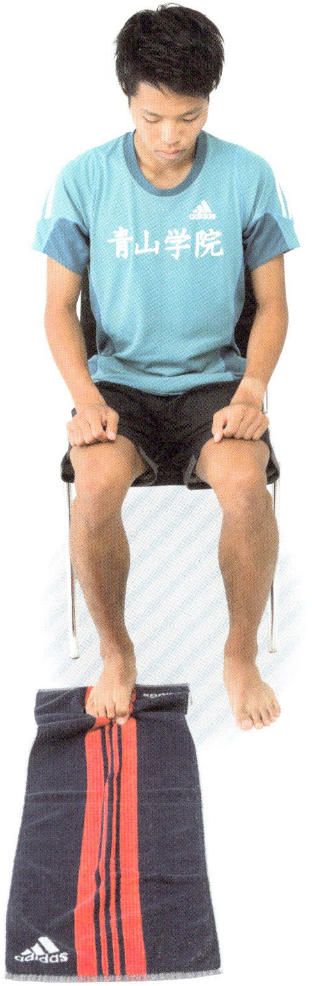

足の指でしっかりとタオルをつかみ、手前に引き寄せます。もう一方の脚も同様に行いましょう。

脛《すね》の痛み

疑われる障害

シンスプリント

✕ 主な痛みの原因

- オーバーユース
- 下肢のアライメント異常（O脚、回内足《かいないそく》、扁平足など）
- 股・膝・足関節の柔軟性の低下
- 下腿三頭筋の柔軟性不足
- 後脛骨筋の筋力不足

○ 予防策

- **前脛骨筋のストレッチ**
- **後脛骨筋のストレッチ**
- **ヒラメ筋・腓腹筋のストレッチ**

ランニング後に脛に沿って鈍痛がする、脛の内側を押すと強い痛みが走るといった場合に疑われるのは、シンスプリントです。

足首の屈伸運動をするときに使われる前脛骨筋と後脛骨筋は、脛骨の骨膜に付着しています。ランニングやジャンプなどの動作で、前脛骨筋と後脛骨筋に過度な負荷がかかると、脛骨を覆う骨膜を引き剥がそうとする力が働き、炎症が起こります。

脛の内側（内側くるぶしの12～20㎝上が目安）が脛骨に沿って痛むのが特徴。初期は運動後に鈍痛が生じ、脛の内側を押すと強い痛みが走ります。悪化すると、ランニング中、そして安静時にも痛みを感じることがあります。

オーバーユースに加え、足首の動きの硬さ、下腿三頭筋の柔軟性不足が原因となります。

シンスプリント

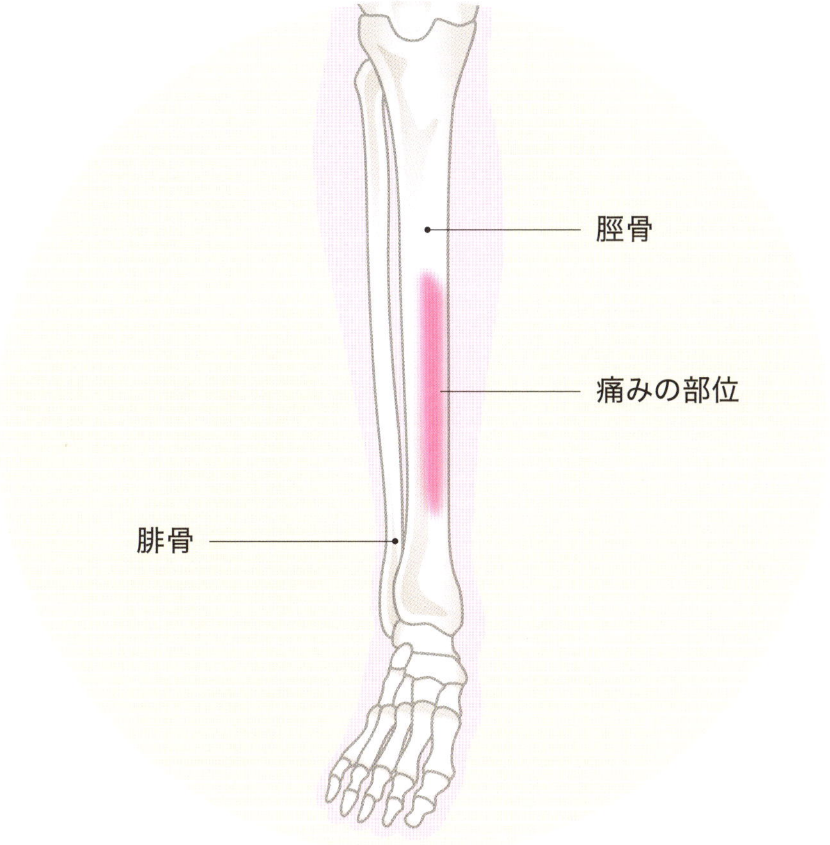

足首の屈伸運動をするのに使われる前脛骨筋と後脛骨筋。ランニングやジャンプを過度に行ったり、運動量・運動時間・頻度が多く、前脛骨筋と後脛骨筋に過度な負荷がかかると、脛骨の骨膜部分に炎症や痛みが生じます。

「前《ぜん》脛《けい》骨《こつ》筋《きん》のストレッチ」

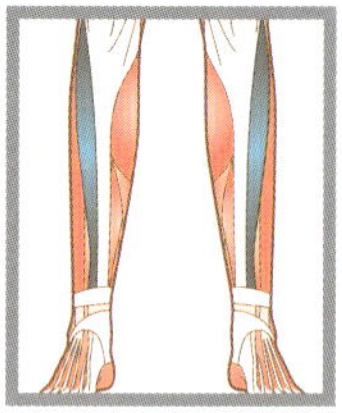

前面

STEP 1
セルフマッサージ

20回を目安に

正座をして、ストレッチポールの上に両脛をのせます。床につま先をつき、両手をストレッチポールの上にのせてバランスをとりましょう。足首の曲げ伸ばしを使ってポールを動かし、前脛骨筋をマッサージします。脛は表層に神経があるため、マッサージをやりすぎないように注意してください。

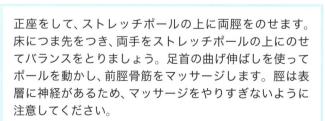

STEP 2

ストレッチ

20回を目安に

正座をして片膝を持ち上げる

正座の姿勢からスタート。片方の脚の膝を、同じ側の手でつかみ軽く持ち上げます。背筋は伸ばし、体が後ろに倒れないように注意。もう一方の脚も同様に行いましょう。

バリエーション

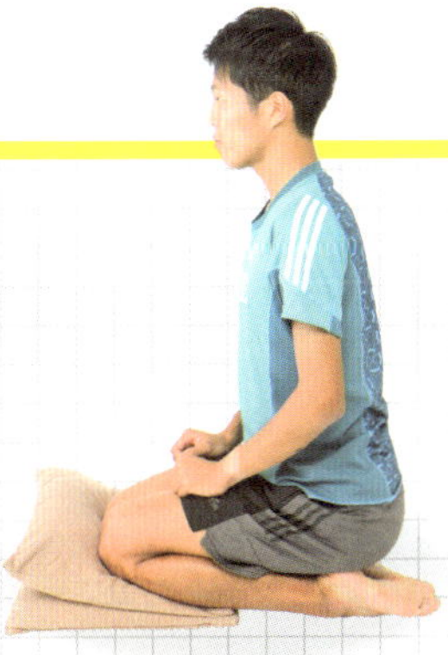

正座の姿勢からスタート。片方の脚の膝を、同じ側の手でつかんで軽く持ち上げ、2枚のクッションの上にのせます。逆側の脚も同様に。体重を少しかかと側にのせるとより楽になります。

「シンスプリントのアイシング」

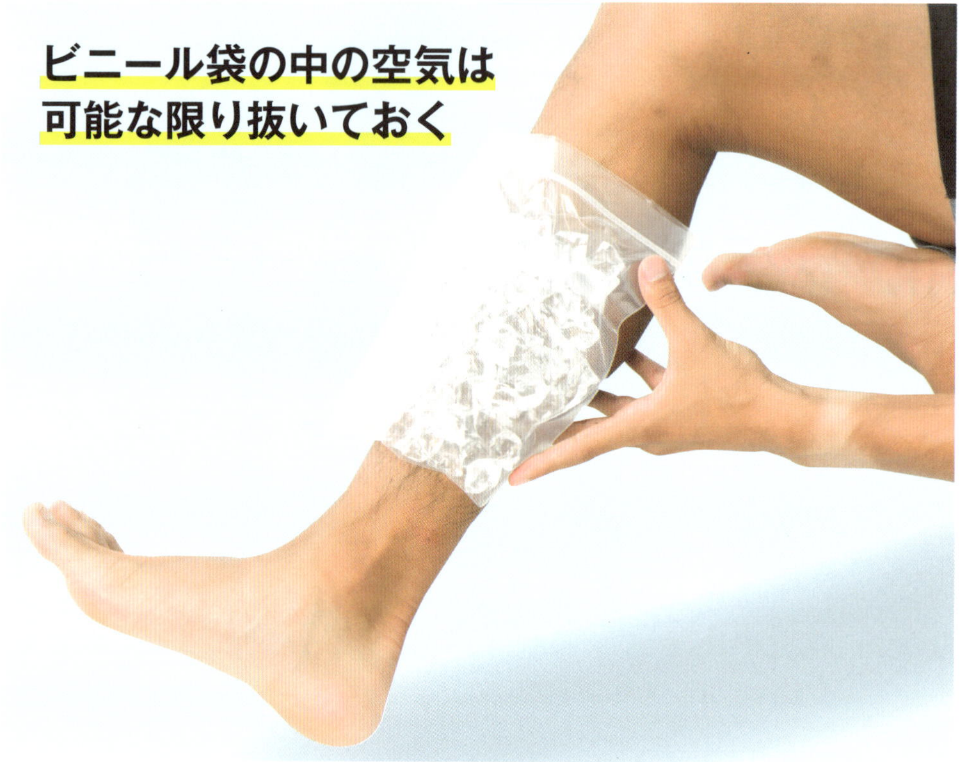
ビニール袋の中の空気は
可能な限り抜いておく

ビニール袋や氷嚢に氷を入れます。患部に密着させるために、袋の中の空気をできるだけ抜きます。

脛の内側（内側のくるぶしの12～20cm上が目安）が脛骨に沿って痛むのが、シンスプリントの特徴。ビギナーのランナーに多い障害です。ランニング後に痛みが出たら、しっかりとアイシングしておきましょう。

圧迫しながら固定するのがポイント

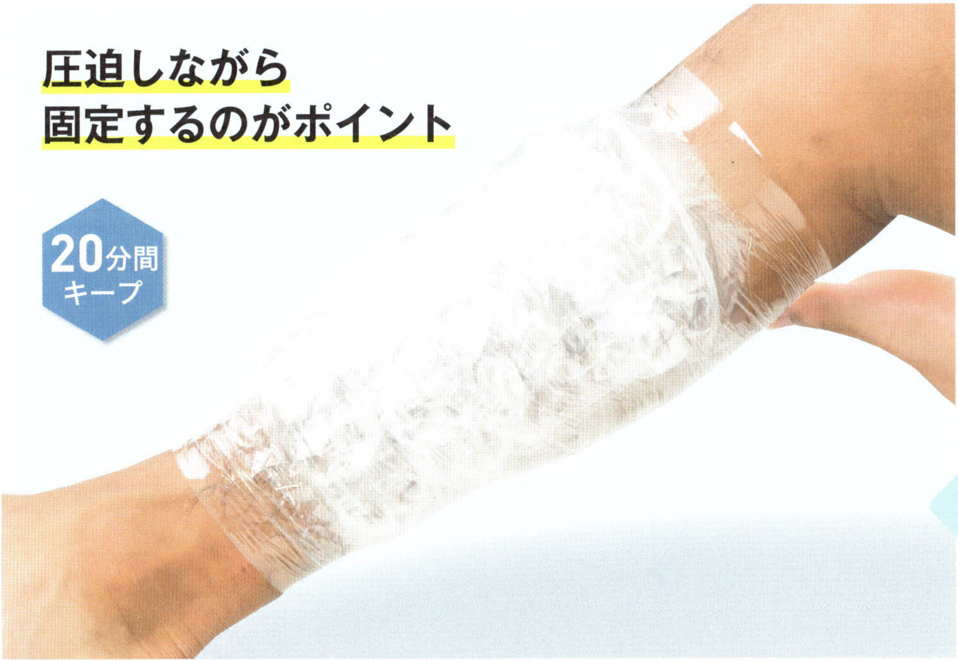

患部に氷の入ったビニール袋（または氷嚢）をあて、専用のアイスラップなどを使って圧迫しながら固定します。冷気が逃げないように、ビニール袋の大きさよりも広めにアイスラップを巻きます。完成したら、患部が心臓よりも高い位置にくるようにして安静にしましょう。20分間はそのままにしてください。

PROFILE

吉永竜聖

Ryusei Yoshinaga

Q1 ▷ 青トレ4年目で自分の走りはどう変わった？
力を入れずに走れるようになった。

Q2 ▷ ピーキングで結果はどう変わったか？
安定して走れるようになった。

Q3 ▷ ランケアで体はどう変わったか？
継続して練習できるようになった。

Q4 ▷ 自分の走りの“ここ”を見てほしい！
腰の位置（きつくなると落ちる）。

Q5 ▷ 2017-18シーズンのチームはどんなチームか？
伸びしろのあるチーム。

Q6 ▷ 今季のキーマンとその理由は？
橋詰大慧。前に出る走り。

Q7 ▷ このチームでの自分の役割をどう考える？
まとめ役。

Q8 ▷ 好きな言葉とその理由
“やらずに後悔より、やって反省”
後悔で終わったら意味ないから。

Q9 ▷ 自分にとって最高のランとは？
箱根で最高のランを。

Q10 ▷ ランナーとしての将来の目標は？
かっこいいオジさん。

よしなが・りゅうせい（4年）
1996年3月17日、鹿児島県指宿市生まれ。
鹿児島城西高校。身長174㎝・体重61kg・
シューズのサイズ27.0㎝・血液型AB型

青トレ AO TORE

CHAPTER 5

NUTRITION&SLEEP

栄養と睡眠

NUTRITION

高強度の練習、レースの後は素早く糖質を補給する

駅伝のテレビ中継で、青山学院大学の選手たちが走り終えた直後に、ゼリー飲料で補給をしているシーンを観たことがある読者の方もいるかもしれません。

青学では、高強度のトレーニング後やレース後にはすぐに糖質を摂取することが、それだけ徹底されているのです。

高強度のトレーニングや長時間の運動をすると、当然、体はダメージを受けます。それを修復するためには、栄養素が必要となるのです。

運動後30分以内は、ゴールデンタイムと呼ばれ、体の吸収力が高まっている状態になります。ゴールデンタイムで栄養素を補給することができれば、体内に素早く吸収され、早期の疲労回復につながります。

筋力トレーニング後には、すぐにタンパク質を摂取したほうがいいという話を聞いたことがある人も多いでしょう。もちろんタンパク質も重要で、摂取してほしいものですが、糖質も積極的に摂るべき栄養素です。

長距離走では、体内の糖をどれだけ長く保てるかが重要です。体内に糖を溜め込んでおくのは、通常、難しいことなのですが、筋肉内のグリコーゲン量はある程度まで増やすことが可能です。

筋肉内のグリコーゲン量を増やすことができれば、レース後半でも体内に糖が残っている状態を作り出すことができるということ。この筋肉内のグリコーゲンを増やすためにも糖質の摂取の仕方が重要になります。

青学駅伝チームは、株式会社ブルボンと、持久系アスリートに向けた勝つためのスポーツ栄養プログラムツール「ウィングラム」を共同開発。青学の選手たちは、ポイント練習や試合・レース直後に必ず「ハイカーボ300」を摂取している。

まず、糖を多く消費する高強度・長時間のトレーニングを行います。体内に糖が枯渇している状態になった練習直後に、高糖質のものを摂取します。

これを繰り返していくことで、少しずつですが、筋肉内のグリコーゲンの貯蔵量を増やすことができるのです。トレーニング後30分以内に摂取したほうが、2時間後に摂取するよりもグリコーゲン貯蔵レベルが高くなるという研究結果があるので、なるべく早い段階での摂取を心がけてください。

シーンに合わせて上手く利用

回復にせよ、筋肉内のグリコーゲンの貯蔵量アップを目指すにせよ、糖質が摂れるのであれば、ゼリー飲料でなくてもかまいません。おにぎりやフルーツなどもおすすめです。

ただ、ハードなトレーニングやレースの後は、どうしてもしばらく固形物が食べられないという人にとっては、ゼリー飲料はかなり便利なものです。

トレーニングやレース時の水分補給に適したウィングラム「エナジックウォーター」。青学駅伝チームでは、定期的に中野氏による講習会が行われ、青トレの確認やアップデートだけでなく、栄養や睡眠をテーマにした座学も行われている。

http://www.bourbon.co.jp/wingram/

ゼリー飲料は吸収が早く、極度に疲労したときでも摂取しやすいよう味付けが工夫されています。

また、部活動などの場合、夏場でも**衛生面の管理がしやすく、準備も楽**というメリットがあります。**シーンに合わせて上手く利用**しない手はありません。

運動後は、体内の水分や電解質も多く消費されています。**糖質だけでなく、水分、ナトリウム**もあわせて**しっかりと補給**してください。

選手の声

「今までは、複数の商品を摂取していましたが、『ハイカーボ300』ができてからは、これ1つで、必要な糖の量も種類もカバーできるので、とても重宝しています」（下田裕太選手　4年）

「高強度の練習後やレース前に『ウィングラム』を摂取するようになり、レース中、エネルギー不足で失速することがなくなりました。むしろ、後半の伸びにつながっています」（森田歩希選手　3年）

SLEEP

ランナーにもっとも重要なケアは規則正しく質の高い睡眠

本書では、部位別に多くのケア方法を紹介してきました。障害を予防するためのトレーニングやストレッチはとても重要なものです。

しかし、どれほどケアを入念に行ったとしても、睡眠をおろそかにするとすべてが台無しになってしまうといっても過言ではありません。それほど睡眠は大切なものなのです。体の疲労を抜いてリカバリーを図り、翌日も100％のコンディションで練習に臨むためには、睡眠をとること、睡眠の質を向上させることが不可欠です。

睡眠は、脳と体をリセットし、回復させて元の状態に戻すための時間。100％までリカバリーするのに必要な時間は、人それぞれです。8時間必要な人もいれば、6時間で大丈夫な人もいます。

日本では「睡眠は8時間必要」とする説が根強くありますが、個人差によるところが大きく、8時間寝なければ回復しないということはありません。100％のコンディションにするためには、自分はどれくらいの睡眠時間を必要とするのかを知り、8時間必要だと感じたなら、継続して、規則正しく睡眠時間を確保することが大切です。

疲労をリセットできず、80％しか回復できていない状態でトレーニングをすれば、当然良いパフォーマンスは発揮できません。予定していたトレーニングをこなせないこともあるでしょう。次の日も

原晋監督、寮母の美穂さん、瀧川大地コーチ、そして、選手たちが共同生活をしている〝町田寮〟。原監督は「実生活の環境が強い組織の源」と考えて住環境を重視。「一流が一流を呼び込むというのが私の考え。惰性やしがらみではなく、衣食住でも良い物を積極的に取り入れています」と話す。

80%しか回復しなければ、またその状態で練習に臨まなければなりません。追い込んだトレーニングができないどころか、ケガのリスクも上がってしまいます。常に100%の状態に回復させている選手と比べたら、練習の質に大きな差が出るのは間違いありません。

寝具の質と寝る前の運動

覚えておいていただきたいのは、体だけでなく脳もリカバリーさせる必要があるということ。高強度のトレーニングをした日だけたっぷり眠ればいいというわけではありません。体を動かすだけで、脳は瞬時にさまざまな処理をしています。片足立ちになる、バランスボールの上に座るといったことをするだけでも、脳をたくさん使っているのです。

すなわち、脳を100%の状態に回復させていなければ、ベストのパフォーマンスは発揮できないということです。体の疲労感だけにとらわれず、規則正しく睡眠をとることが大切です。

入眠しやすくする、睡眠の質を高めるためには、深い眠りに入ることがポイント。そのために、寝具の選択がとても重要です。実際に、青学では質の高い睡眠をとるために、マットレス選びにこだわっています。睡眠環境の質は、リカバリーに直接影響するからです。

そして、選手たちは、就寝前に筋肉の緊張状態をリセットする筋弛緩法と、関節を緩めることで筋疲労をとるセルフモビライゼーションを行っています。

青トレの第1弾「青学駅伝チームのコアトレーニング&ストレッチ」のP89〜とP103〜で詳しく紹介していますので、そちらも試してみてください。

選手の声

「僕は寮の部屋で［エアーSI］マットレスを使っていますが、使っている日と使えない日とでは明らかに疲れの取れ具合が変わりました。もともと、レース後には爆睡するタイプですが、眠りの質が変わり、コンディションアップにつながっています」（田村和希選手　4年）

最近、青学駅伝チームが導入したのが東京西川の［エアーSI］マットレス。特殊立体構造で体圧を分散。血行を妨げにくく圧迫感を緩和し、横向き、仰向けでも快適な睡眠環境を実現。「寝ている間にどれだけ体を休めることができるか。そう考えたときに、この寝具に行き着きました」（原監督）

http://www.airsleep.jp/

THE FUTURE ACE CANDIDATE

5人の未来のエース候補

青学の強さの要因の1つは、「個に頼らないチーム作り」だ。誰が出場しても活躍できる、誰もがエースの資質を備えている。その中でも期待が大きい5人の選手を紹介しよう！

森田歩希（3年）

Homare Morita

1996年6月29日、茨城県生まれ。竜ヶ崎一高校出身。身長169㎝・体重54kg・シューズのサイズ26.0㎝・血液型O型

Q1▶青トレで自分の走りはどう変わった？
フォームが安定して故障が少なくなった。

Q2▶ピーキングで結果はどう変わったか？
レースで安定した結果を出せるようになった。

Q3▶ランケアで体はどう変わったか？
故障が減った。

Q4▶自分の走りの“ここ”を見てほしい！
ポーカーフェイスなところ。あまり顔がキツくならないから。

Q5▶2017–18シーズンのチームはどんなチームか？
メリハリがしっかりしているチーム。

Q6▶今季のキーマンとその理由は？
3年生。チームの中間層以上に全員いるため。

Q7▶このチームでの自分の役割をどう考える？
主要区間を走って各校のエースと戦っていく。

Q8▶好きな言葉とその理由
“楽して勝つ”効率よく強くなりたいから。

Q9▶自分にとって最高のランとは？
第48回全日本大学駅伝。

Q10▶将来の目標
箱根駅伝での区間賞。

小野田勇次（3年）

Yuji Onoda

1996年9月3日、愛知県生まれ。豊川高校出身。身長171㎝・体重51kg・シューズのサイズ26.0㎝・血液型A型

Q1▶青トレで自分の走りはどう変わった？
走っているときに上半身がそらなくなった。

Q2▶ピーキングで結果はどう変わったか？
ピーキングが合うことによって結果が向上した。

Q3▶ランケアで体はどう変わったか？
故障の回数が減った。

Q4▶自分の走りの“ここ”を見てほしい！
フォーム。青トレでの成果が出ているから。

Q5▶2017–18シーズンのチームはどんなチームか？
1つにまとまっているチーム。

Q6▶今季のキーマンとその理由は？
橋詰大慧。今季、絶好調でチームに勢いを与えてくれているから。

Q7▶このチームでの自分の役割をどう考える？
山下りで差をつける。

Q8▶好きな言葉とその理由
“やるときはやる。やらないときはやらない”理由としては、陸上のときとほかのときの差を感じられる言葉だから。

Q9▶自分にとって最高のランとは？
第92回箱根駅伝。

Q10▶将来の目標
箱根駅伝での区間賞。

吉田圭太（1年）

Keita Yoshida

1998年8月31日、広島県生まれ。世羅高校出身。身長172cm・体重51.5kg・シューズのサイズ26.5cm・血液型A型

Q1▷青トレで自分の走りはどう変わった？
上半身がブレにくくなった。

Q2▷ピーキングで結果はどう変わったか？
安定した結果が出るようになった。

Q3▷ランケアで体はどう変わったか？
次の日の疲労度合が減った。

Q4▷自分の走りの“ここ”を見てほしい！
後半の粘り。高校のときより1番成長したところだから。

Q5▷2017−18シーズンのチームはどんなチームか？
明るく、誰もが負けず嫌いなチーム。

Q6▷今季のキーマンとその理由は？
竹石尚人さん。調子が良いから。

Q7▷このチームでの自分の役割をどう考える？
チームの底上げ。

Q8▷好きな言葉とその理由
“楽して勝つ”ただきつい練習ではなく、効率よく練習するのが1番だと思うから。

Q9▷自分にとって最高のランとは？
まだない。

Q10▷将来の目標
世界のトップ選手と戦う。

神林勇太（1年）

Yuta Kanbayashi

1998年5月8日、熊本県生まれ。九州学院高校出身。身長172cm・体重56kg・シューズのサイズ26.5cm・血液型A型

Q1▷青トレで自分の走りはどう変わった？
上りの走りが安定して、リラックスしても良いペースで走れるようになった。

Q2▷ピーキングで結果はどう変わったか？
安定した結果を残せるようになった。

Q3▷ランケアで体はどう変わったか？
毎日、強度の高い練習ができるようになった。

Q4▷自分の走りの“ここ”を見てほしい！
大きなストライド（よく言われるから）。

Q5▷2017−18シーズンのチームはどんなチームか？
練習から競い合う意識の高いチーム。

Q6▷今季のキーマンとその理由は？
橋詰大慧さん。今年一番のっている選手。

Q7▷このチームでの自分の役割をどう考える？
これから主力にならないといけない。

Q8▷好きな言葉とその理由
“努力の分しか結果は出ない”中学校のときのスローガン。

Q9▷自分にとって最高のランとは？
中学校3年生の関東大会1500m。

Q10▷将来の目標
青学のエース。

鈴木塁人（2年）

Takato Suzuki

1997年7月23日、千葉県生まれ。流通経済大柏高校出身。身長174cm・体重59kg・シューズのサイズ28.5cm・血液型O型

Q1▷青トレで自分の走りはどう変わった？
良いフォームで体幹がブレにくくなった。

Q2▷ピーキングで結果はどう変わったか？
より安定した結果を出せるようになった。

Q3▷ランケアで体はどう変わったか？
ケガをする前に気づけるようになった。

Q4▷自分の走りの“ここ”を見てほしい！
キツくなってからの粘り。キツい顔してからが本当の自分だから。

Q5▷2017−18シーズンのチームはどんなチームか？
全員駅伝。

Q6▷今季のキーマンとその理由は？
2年生全員。強い先輩方がいなくなる前に全員で強くなるための2年目にする。

Q7▷このチームでの自分の役割は？
主力に近い立ち位置として、走りでチームに勢いをつけられるようにすること。

Q8▷好きな言葉とその理由
“常に挑戦者!!”中学のときに恩師からいただいた大切な言葉。

Q9▷自分にとって最高のランとは？
まだないですね……。卒業するまでには1回くらいしてみたい!!

Q10▷将来の目標
競技者として長く走り続けて、引退してからも陸上界に少しでも貢献したいです。

OBインタビュー 1

小椋裕介〈ヤクルト〉

1年時からレギュラーを担っていたが、小椋裕介は青トレで飛躍を遂げた代表格の選手だろう。ハーフマラソンでは大学世界一にも輝いた。再び世界の舞台に立つために日々努力を重ねている。

—神野大地選手（コニカミノルタ）や久保田和真選手（九電工）らタレント揃いの学年で、どんな立ち位置でしたか？

小椋　原監督に勧誘を受けたときには「君が一番だ」って言われたんです（笑）。そのときはまだ久保田が決まっていなかったそうで……。大学に入学したら久保田がいましたし、2年になったら、今度は一色（恭志）が入ってきて、神野も力をつけてきました。その3人が常に僕の上にいて、いつも追いかけているという状況でしたね。神野、久保田とはなかなか同じレースを走る機会がなかったのですが、どこかのタイミングで勝ちたいと思っていました。

—とはいえ、1年生から出雲駅伝や箱根駅伝を走っています。

小椋　1年目の前半は、故障が多かったですし、結果も出せず、なかなかうまくいきませんでした。それに、太りやすかったので、先輩から「お前に陸上は向いていない」と言われたこともあって、追い込まれていました。でも、逆境に立つと〝頑張ろう〟と思えるんです。それで〝駅伝は全部走ってやる〟と思っていました（※全日本大学駅伝は、チームが予選で敗退しており不出場）。

—大学4年時にはユニバーシアードのハーフマラソンで金、大学世界一になりました。

小椋　一色が大本命で、チームメイトの期待も一色に対してのほうが高かったので、絶対に勝ってやると思っていました。結局、日本人同士の勝負になりましたが、勝負のレースで勝てたのは大きかったです。

—そもそも青山学院大を選んだ理由は？

小椋　やっぱり原監督の人柄ですね。話が面白かった。「チームは、今はシード権をとるかどうかという状況だけど、君たちが4年のときに優勝できるチームを作る」という話が具体的で信憑性《しんぴょう》がありました。それに、高校生の自分にもわかりやすく話してくれたんです。
そうそう、大学時代に目標管理ミーティングで学んだことは、仕事でも役立っています。今はけっこう仕事を任せてもらえるようになり、明日もプレゼンがあります！

——4年間で強くなったと感じた瞬間は？

小椋　僕の場合、箱根駅伝の7区の記録が成長の目安になりました。2年のときに、自分の中ではかなり良い走りをできたと思ったのですが、そのタイムを3年のときにはるかに上回りました。その後も、丸亀ハーフで好記録（1時間2分3秒）を出したり、トラックでも自己記録を伸ばしたりしました。3年生

おぐら・ゆうすけ／ヤクルト陸上競技部所属。1993年4月16日、北海道士別市生まれ。札幌山の手高校→青山学院大学。身長174㎝・体重・58kg・シューズのサイズ27.0㎝・O型

になって青トレが導入されたのですが、それ以前は走っていると、どんどん前傾姿勢になって横ブレが激しかったのが、コアを鍛えるようになって体がブレなくなり、安定して走れるようになりました。ハーフマラソンの距離でも、残り5㎞を切ってキツくなってからも、姿勢を崩さずに最後まで走れるようになったのは大きいです。

――青トレの効果は、タイムに如実に現れたわけですね。

小椋　タイムが上がったのはもちろんですが、それよりも、座骨神経痛が治ったのが大きかったです。2年の夏くらいからずっと座骨神経痛に悩まされていて、上り坂を走っているとしびれてくるし、バスでの長距離移動のあとは走れなくなるほどでした。大学の授業でも10分も座っていると脚がしびれていました。いろいろ試行錯誤しても治らなかったのですが、青トレを始めたらいつの間にか治っていたんです。

――その後、大きな故障は？　また、ケアへの意識はどのように持っていますか？

小椋　自分は痛みに敏感で、壊れる前に切り上げるので、完治まで長引くような大きな故障はありません。気になった箇所はアイシングをしますし、毎日のストレッチも欠かしません。

　痛みや気になる箇所があるときに、指導者にちゃんと言える環境だったのは大きかった。実は、大学4年の12月上旬に、膝を曲げ伸ばしするときにギシギシいっていたんです。これまでの経験から痛みが出る前兆だったので、「今は痛みはないのですが、5日ほど休ませてください」と原監督に伝えました。それで、監督も「まあ、お前は（箱根に）合わせてくれるでしょう」と言ってくれました。ヤクルトに入ってからも、奥山（光広）監督やコーチ陣には、少しでもおかしいと思ったら、自分の状況を言うようにしています。

――今は、補強トレーニングなどはどうして

ますか？

小椋　補強に関しては、奥山監督に話をして、青学でやっていたトレーニングを今も続けています。お尻を使った走りを理想としていて、今はとくに臀部を鍛えるトレーニングを取り入れています。

　それと、監督やキャプテンに相談して、チーム全体の体操を青トレの動的ストレッチに変えてもらいました。青トレのストレッチは、後輩や、東日本実業団合宿で他のチームの選手に教えたりもしています。青トレが広まればいいなと思っていますし、人に教えることは自分の見直しにもなります。

――今後の目標を教えてください。

小椋　チームは駅伝で低迷していたので、チームを強くしたいです。個人では、マラソンをやりたい。夏も、マラソンに向けて走り込みをしました。トラックの1万mで27分台を出すことも目標ですが、その走力を持ってマラソンに挑みたい。2020年の東京五輪でメダルに手が届けばうれしいです。

小椋選手の主な1日のスケジュール

4:50	起床 動的ストレッチ、ウォーミングアップ
5:25	体操（チームで動的ストレッチ）
5:30	朝練習 （出社日は10㎞、出社しない日は各自、もしくは60分）
6:10	ストレッチ
6:40	朝食
7:10	寮を出る
8:30	出社
12:00	帰社 昼食
13:30	帰寮
15:00	ストレッチ、バランスボール
15:25	体操（チームで動的ストレッチ）
15:30	練習
17:30	練習終了
18:00	風呂
18:30	夕食
19:00	自由時間
21:00	ストレッチ
22:00〜23:00	就寝

OBインタビュー2

一色恭志

〈GMOアスリーツ〉

青学大躍進の大黒柱となったのが一色恭志だ。抜群の安定感を誇り、駅伝では1つ上の最強世代を差し置いてエース区間を担った。地道に青トレを続け、新たなステージではマラソンで活躍を誓う。

——青山学院大での4年間は順調だったように思います。そのなかで、青トレはどんなトレーニングでしたか？

一色　大学1年目までは腹筋や背筋、腕立て伏せなどの筋力トレーニングをやっていましたが、それにどんな意味があるのかは、まったく考えていませんでした。それが、青トレでは、走るときに体のどこを使うのかをちゃんと頭で考えて、それを理解したうえでトレーニングするので、今ここを鍛えているという実感がありました。それに、中野ジェームズ修一さんは、一方通行で教えるというのではなく、ちゃんと対話をしながら教えてくださるので、本当にわかりやすかった。とても充実したトレーニングだと思います。

——そもそも青山学院大を選んだ理由は？

一色　1つ上の代にかなり強い選手が揃っていたので、良い練習ができるんじゃないかと思ったのと、どんどん新しいことをやっているイメージがあったからです。楽しそうだなというのも純粋にありました。いざ入学してみたら、学生が自立していて、大人のチームだなという印象がありました。

——1年目から主力選手として活躍していましたが、力をつけていくにつれて、目標はどう変わっていきましたか？

一色　入学当初は、3年目か4年目に箱根駅伝で優勝できたらいいなくらいしか考えていませんでした。2年目に優勝してからは、半歩先の目標を立てて、それを達成していくことを目指すようになりました。半歩先を積み重ねていくことで、振り返ったときに、何歩も前に進んでいるということに気づき、自信にもなりました。4年間は本当に順調でしたが、トラックでもロードでも、長い距離でも短い距離でも、圧倒的に強くなりたいと思っていました。それが、大学４年のときにはうまくできたと思います。

――自身の変化をもっとも実感したのは？

一色　大学４年の日本選手権ですね。それまでは日本のトップクラスは自分には遠い世界だと思っていたのですが、まぐれであろうとなかろうと、５０００ｍで4位という結果を出せました。驚いた部分もありましたが、最後の1周までは2位を走っていたので、悔しいという気持ちもかなり大きかったです。また、トラックではちょっと（力が）足りないなと思ったので、マラソンで日本の頂点を目

いっしき・ただし／GMOアスリーツ（男子陸上競技）所属。1994年6月5日、京都府与謝野町生まれ。豊川高校→青山学院大学。身長169㎝・体重・56㎏・シューズのサイズ26.0㎝・O型

指してみようと思いました。

――4年時は、大学駅伝3冠（出雲駅伝、全日本大学駅伝、箱根駅伝）、箱根3連覇と大きな結果を残しました。

一色　これまで（2年・3年時）の優勝は、もちろん、うれしかったのですが、あまり実感が伴っていませんでした。4年になると上の代が抜けて〝戦力ダウン〟と言われ続けましたが、そんな中でも同学年の選手たちが夏に頑張り、チームをうまくまとめてくれました。だから、自分たちの代で3冠、3連覇をしたときは〝自分たちの代でやったんだぞ！〟という思いが強くて、かなりうれしかったです。まさしく〝つかみ取った〟というレースだったと思います。

――箱根では3年間、エース区間の2区を任されました。

一色　箱根の2区は思い入れの強いコースです。〝花の2区〟と言われていて、他校の強い選手とも渡り合えました。2区を3年間任せてもらえて、原監督に信頼してもらっているのを感じて、うれしかったです。

――大学3年時には初マラソンに挑戦。マラソンに目が向いたのはどんな理由から？

一色　あまり深く考えていなかったのですが、箱根の距離をある程度余裕を持って走れるようになってきて、次に何を目指すかを考えたときに、マラソンがありました。3年生のときの初マラソンはスローペースで進んで、デビュー戦としては好都合でした。ですが、卒業前に出場したびわ湖毎日マラソンは、前年よりも準備をして臨みましたが、うまくいかずに途中棄権。マラソンはそんなに簡単に走れるものではないとあらためて思いました。でも、もう過去のことなので、落ち込んだりはしていません。しっかりと準備をしたうえで、次のマラソンに臨もうと思います。

――GMOアスリーツで、すでに次のマラソンに向けた取り組みは始まっていますか？

一色　花田勝彦監督は熱意の塊で、自分が今

一色選手の主な1日のスケジュール

5:20	起床
5:30	動的ストレッチ
5:50	集合場所までジョグ
6:00	朝練習
7:20	ストレッチ
7:45	朝食
9:00	出社
11:30	昼食
12:30	ケア ストレッチ 自主学習
15:00	午後練習
18:30	夕食
19:30	自由時間（ストレッチなど）
22:00	就寝

やりたいマラソンが、ここでならできると思ってGMOアスリーツを選びました。夏には1日80km近く走った日もありましたし、50km走や40km走にも取り組みました。大学のときは30km走がかなり長く感じてキツかったのですが、今はそんなに苦じゃありません。頭の中が切り替わったんだなと思います。マラソンで、あっと言わせられる結果を出せるんじゃないかと思います。

――将来はマラソンでどんな結果を残したいですか？

一色　何年も更新されていない日本記録の更新には挑戦したいし、一番乗りで成し遂げたいと思っています。仮に他の選手が先に出したとしても、絶対にその記録を上回りたい。本当に負けず嫌いなので、マラソンでは誰にも負けたくない。そして、日本を代表する選手になったら、今度は世界と戦っていける選手を目指していきたいです。2020年の東京五輪ではメダルをとっている自分を想像しています。そこから逆算して、今何をすればいいかを考えています。今はまだまだですが……。競り合いに強い選手を目指していきます。

原 晋（はら・すすむ）

1967年3月8日、広島県生まれ。青山学院大学体育会陸上競技部監督。中学から陸上を始め、広島県立世羅高校では主将として全国高校駅伝で準優勝。進学した中京大学では3年時に日本インカレ5000mで3位入賞。卒業後は中国電力陸上競技部1期生で入部。しかし、ケガが原因で満足な結果を残せず、5年で選手生活を終え、同社の営業部のサラリーマンに。顕著な実績を上げて「伝説の営業マン」と呼ばれる。チーム育成10年計画のプレゼンを買われて、2004年から現職。09年に33年ぶりの箱根駅伝出場、12年に出雲駅伝優勝と成績を上げ、15年の正月に行われた箱根駅伝では青学大を史上初の総合優勝に。17年には史上初の大学駅伝3冠、箱根駅伝3連覇の偉業を達成した。著書に、『魔法をかける―アオガク「箱根駅伝」制覇までの4000日』（講談社）、『フツーの会社員だった僕が、青山学院大学を箱根駅伝優勝に導いた47の言葉』（アスコム）ほか、中野ジェームズ修一氏との共著『青トレ 青学駅伝チームのコアトレーニング＆ストレッチ』『青トレ 青学駅伝チームのスーパーストレッチ＆バランスボールトレーニング』（ともに徳間書店）がある。

青山学院大学体育会陸上競技部（長距離ブロック）公式HP
http://aogaku-tf.com/

中野ジェームズ修一

（なかの・じぇーむず・しゅういち）

1971年8月20日、長野県生まれ。フィジカルトレーナー。アメリカスポーツ医学会認定運動生理学士。日本では数少ないメンタルとフィジカルの両面を指導できるトレーナー。「理論的かつ結果を出すトレーナー」として、卓球の福原愛選手やバドミントンの藤井瑞希選手など、多くのアスリートから絶大な信頼を得ている。伊達公子選手の現役復帰にも貢献した。2014年からは、青山学院大学駅伝チームのフィジカル強化指導も担当。自身が技術責任者を務める会員制トレーニング施設「CLUB 100」があるが、常に入会待ちの状態が続いている。全国各地で行う「運動の大切さ」「やる気」に関する講演は、年間で60本を超える。主な著書に、『世界一やせる走り方』『世界一伸びるストレッチ』（ともにサンマーク出版）、『“ものすごく”体が硬い人のための柔軟講座』（NHK出版）、『定年後が180度変わる 大人の運動』（徳間書店）ほか、原晋氏との共著『青トレ 青学駅伝チームのコアトレーニング＆ストレッチ』『青トレ 青学駅伝チームのスーパーストレッチ＆バランスボールトレーニング』（ともに徳間書店）がある。

株式会社スポーツモチベーション
http://www.sport-motivation.com/

青山学院大学 陸上競技部
（長距離ブロック）

メンバー

石川　優作
伊藤　雅一
稲村　健太
大越　望
大杉　柊平
小田　俊平
近藤　修一郎
貞永　隆佑
下田　裕太
田村　和希
中村　祐紀
吉永　竜聖
小野田　勇次
小野塚　久弥
梶谷　瑠哉
木村　光佑
富田　浩之
橋詰　大慧
橋間　貴弥
林　奎介
松田　岳大
森田　歩希
山田　滉介
上村　臣平
植村　拓末
生方　敦也
鈴木　塁人
竹石　尚人
田辺　浩司
仲　正太郎
永井　拓真
中根　滉稀
中村　友哉

花田 凌一
花輪 瑞貴
谷野 航平
吉田 祐也
市川 唯人
岩見 秀哉
大藏 洋人
神林 勇太
新号 健志
鶴貝 彪雅
長嶺 龍之介
中山 大樹
松葉 慶太
森川 弘康
吉田 圭太
樋口 璃奈
板倉 眞帆
佐野 仁美
野村 あやか
長島 杏佳

部長
内山義英

監督
原 晋

コーチ
安藤 弘敏
瀧川 大地

寮母
原 美穂

株式会社スポーツモチベーション
中野ジェームズ修一
佐藤 基之
栗城 徳識
関 守
森本 浩之
古谷 有騎
吉澤 和宏
廣津 千里

STAFF

撮影
安川啓太、松山勇樹（スタジオ撮影）

構成
和田悟志、神津文人

アートディレクション
須永英司、大杉 学（3.14CREATIVE）

デザイン
山口周三（3.14CREATIVE）

イラスト
うえむらのぶこ

校正
月岡廣吉郎、安部千鶴子（美笑企画）

販売戦略
加藤正樹

営業・宣伝
岡本八重子、本田友紀、松本留衣子（徳間書店）

印刷
三宅 萌（図書印刷）

トータルプロデュース
苅部達矢（徳間書店）

SPECIAL THANKS

瀧川大地（青山学院大学陸上競技部コーチ）

森本浩之（有限会社スポーツモチベーション）
古谷有騎（　同　上　）

衣装協力
アディダス ジャパン株式会社
TEL 0570-033-033
（アディダスグループお客様窓口）

青トレ　青学駅伝チームのピーキング＆ランニングケア

第1刷　2017年11月30日

著　者　原 晋
　　　　中野ジェームズ修一
発行者　平野健一
発行所　株式会社徳間書店
　　　　〒105-8055　東京都港区芝大門2-2-1
電話　編集 03-5403-4344／販売 048-451-5960
振替　00140-0-44392
印刷・製本　図書印刷株式会社

ISBN978-4-19-864514-4